光文社 古典新訳 文庫

フロイト、無意識について語る

フロイト

中山 元訳

kobunsha classics

光文社

Formulierungen über die zwei Prinzipien des psychischen Geschehens
1911

Einige Bemerkungen über den Begriff des Unbewußten
in der Psychoanalyse
1912

Erinnern, Wiederholen und Durcharbeiten
1914

Die Verdrängung
1915

Das Unbewußte
1915

Massenpsychologie und Ich-Analyse
1921

Author : Sigmund Freud

『フロイト、無意識について語る』＊目次

第一部

フロイト、無意識について語る

第一部

心的な出来事の二つの原則の定式（一九一一年）

神経症患者における現実回避

わたしたちはずっと前から、神経症というものはいずれも患者を現実の生活から追い出して、現実と疎遠にしてしまう傾向をそなえていることに気づいていた。そしてP・ジャネもこの事実を見逃してはいなかった。ジャネは「現実機能」の喪失について語っており、これが神経症患者に特有にみられる性格であることを指摘している。ただしジャネはこの障害と神経症の基本条件との関係は明らかにしていない。[*1]

現実の拒絶

わたしたちは神経症の発生には抑圧というプロセスが存在していると考えることによって、こうした障害と神経症の基本条件との関係について洞察できるようになった。

神経症の患者は現実の全体またはその一部が耐えられないものであるため、現実から目を背けるのである。このような現実回避の極端な形態は、ある種の幻覚性の精神病に見られるものであり、患者はこのような狂気を引き起こした出来事は否認するものである[1]（グリージンガー）。

ただし神経症患者もすべて、現実の小さな部分に対しては同じようなことをしているのである。[*2] そこでわたしたちが取り組むべき課題は、神経症患者と普通の人間が、現実に対してどのような関係を結んでいるかを、その展開プロセスについて研究すること、そして現実の外界がもつ心理学的な意味を、精神分析の理論の体系のうちに取り入れることである。

快感原則

精神分析に基づいた心理学的な考察においては、精神分析によってその特徴が明らかにされた無意識の心的なプロセスを出発点とする習わしになっている。わたしたちはこのプロセスは古い心的な一次過程であり、これ以外には心的なプロセスと呼べるものがなかったような人間の発達段階の残滓とみなしている。この一次過程を決定するもっとも強力な傾向はごく分かりやすいものであって、快と不快の原則、あるいはさらに簡略に快感原則と呼ばれている。この一次過程は快感を獲得しようとするものであり、不快を引き起こすような行為からは心的な働きを撤収してしまう（これが抑圧である）。わたしたちが夜のうちに見る夢や、目覚めているあいだにも苦痛な印象を忘れようとする傾向は、この原則が支配していた頃の名残であり、この原則の強さを証明するものである。

願望実現の幻覚

他の場所で展開した考え方を繰り返すことになるが（『夢解釈』の総論部分）、わたしは心の安静状態はまず、内的な欲求から生まれる命令的な要求によって妨げられたものと想定している。その場合は、今日でもわたしたちの夢においてみられるように、考えられたこと、すなわち願望されたことが実現されたような幻覚が現れる。[*3] しかし幻覚では期待された満足がもたらされないため、失望を味わわされることになる。こうして幻覚という方法で満足を実現しようとする試みは放棄されるようになる。このようにして心的な装置は外界との現実的な関係を心のうちで思い浮かべて、現実を実際に変えることを目指す決意を下さなければならなくなったのである。こうして心的な活動に新しい原則が導入された。もはや何が快適なものであるかを思い浮かべるのではなく、それがたとえ不快なものであったとしても、何が現実のものであるかを思い浮かべるようになったのである。[*4] これが現実原則であって、この原則の導入は、明らかに重要な意義のある前進の一歩であった。

一

注意と記憶

新しい要求が生まれることによって、心的装置は多くの側面で対応を迫られることになるが、これについては十分に理解されておらず、不確かなことしか言えないので、ごく簡略に述べるにとどめよう。

外界の現実の重要性が高まるとともに、外界に向けられている感覚器官と、それと結びついた意識の重要性も高まってくる。意識はそれまで快と不快の性質だけに関心をもっていたのであるが、感覚の性質についても把握することを学ぶようになった。

先延ばしすることのできない内的な要求が生じた際に、外界に関するデータをあらかじめ把握しておくために、外界を規則的に探索する特別な機能が生まれた。これが注意である。この注意という活動は、感覚による印象が生まれてくるのを待っているのではなく、こうした印象を把握するために、外界に向かっていくのである。おそらくこれと同時に留意の体系が生まれたが、これは規則的に外界を探索した意識活動の結果を保持するためのものであり、わたしたちが記憶と呼ぶ活動の一部である。

判断と行為の機能

それまでは心に浮かんだ表象の一部が不快を引き起こす場合には、抑圧してリビドーの備給を行わないようにしていたのであるが、やがて抑圧するのではなく、公平な判断を下す機能が生まれた。この機能はある表象の真偽を判定し、それが現実と一致するかどうかを判断する役割を果たすのであり、そのために現実についての記憶痕跡との比較を行うのである。

運動による放出の機能は、快感原則が支配していたあいだは、刺激の増大によって心的装置の負担が大きくなることを防いでいたのであり、体内に表情や感情の刺激伝達を送り込むことによってこの機能を果たしていたが、今では新しい役割を果たすようになった。すなわち現実を目的に適うように変える役割を果たすようになったのであり、これが行為である。

思考過程

運動による放出、すなわち行為を押しとどめなければならない場合もあり、その役割を果たしたのが表象作用から発達した思考過程である。思考は、放出を延期しているあいだに高まった緊張に、心的な装置が耐えられるようにする特性をそなえている。本質的にはこの特性は、試験的にごくわずかな備給を配置することによって、全体の備給量の支出（放出）を抑えるものである。そのためには自由に配置できる備給を、拘束された備給に変える必要があったが、この作業は備給プロセス全体の水準を高めることによって実現された。

思考がたんなる表象の水準を超えて、対象のもたらす複数の印象のあいだの関係に向かうようになっても、思考はおそらくもともと無意識なものである。思考が意識に知覚されるようになるためには、言葉の記憶と結びつく必要があったのである。

二

白日夢

わたしたちの心的装置は一般的な傾向として、消費を節約するという経済的な原則に従っていると考えられる。このことは、快の源泉が利用できる場合には、これを保持しつづけようとし、なかなか放棄しようとしない傾向があることに現れている。ところが現実原則が介入してくると、思考活動の一部が切り離されて、現実の検討の営みに拘束されずに、もっぱら快感原則だけに支配されるようになる[*5]。これが空想であり、子供の頃の遊びとともに始まり、成人になってからは白日夢として継続される。この思考は現実の対象に依存することをやめるのである。

三

性欲動の延命

快感原則の代わりに現実原則が支配するようになると、特定の心理的な効果が発生する。この論文ではこの効果を一つの形式的な公式によって表現しているが、こうした交替はすべての領域において、一挙に、そして同時に発生するものではない。ただし自我欲動においてこのような交替が発生しているあいだにも、性欲動は興味深い形で自我欲動から切り離されるのである。性欲動は最初は自体愛の形式をとり、自分の身体において満足をみいだすのであり、現実原則の介入がもたらしたような禁止の状況に迫られることはない。

やがて性欲動が対象を発見しようとするプロセスが始まるが、潜伏期の開始とともにこのプロセスは長い期間にわたって中断されるのであり、思春期まで性的な発達は停滞したままとなる。自体愛と潜伏期という二つの要素が影響することによって、性欲動の心理的な成熟が遅れるのであり、性欲動は長いあいだ快感原則の支配のもとにとどまることになる。そして多くの人にあっては、性欲動は快感原則の支配から逃れないままとなるのである。

このような状況から、性欲動と空想が密接な関係を結び、自我欲動と意識活動が密接な関係を結ぶようになる。こうした関係は発達心理学の観点からは二次的な関係とみられるかもしれないが、健常者の場合にも神経症患者の場合にも、きわめて緊密な関係として維持されるのである。

自体愛が維持されることによって、性的な対象について刹那的で空想的な満足をえようとする試みが長く継続されることになり、現実的ではあっても努力が求められ、満足の獲得を先延ばししようとする試みは遠ざけられることになる。

空想の世界にあっては抑圧がその全能を維持しつづけるのであり、ある表象に備給したならば不快が発生する可能性があるときには、意識が気づく前にその表象を発生段階において制止してしまうのである。これはわたしたちの心的な体制の弱点であって、すでに合理的なものとなった思考プロセスを、ふたたび快感原則の支配のもとにもたらすために利用されるのである。このように神経症が発生するための心的な素因の本質的な部分は、現実に留意するように性欲動を調教するのが遅れたこと、そしてこのような遅れを発生させることのできる条件の存在にあるのである。

四

宗教と科学

快感自我が遂行することのできる役割は、快感を獲得することを目指して働くこと、そして不快を回避しようと願うことだけである。これに対して現実自我が遂行することができる役割は、有用なものを求めて、害から自己を防衛することだけである。[*6] 快感原則を現実原則に交代させたといっても、実際には快感原則が廃止されたわけではなく、現実原則によって快感原則が確実に実現されるようにしただけのことである。この現実原則というものは、どのような結果をもたらすかがたしかでない刹那的な快感は捨てるものの、将来獲得できるはずの確実な快感をもっと新しい方法で獲得することを目指しているのである。

ただしこの原則の交替が人間の内的な心理に与える影響がきわめて大きなものであったことは、ある特別な宗教的な神話のうちに示されている。自らの意志によるか、強いられたものであるかを問わず、現世での快感を放棄する代わりに、来世で報酬を受け取るという教えは、この心的な転換が神話的な形で投影されたものにほかならない。さまざまな宗教は一貫してこの手本を見習いながら、来世において報酬がえられると約束しながら、現世での快感を獲得することを絶対に否定したのである。ただし宗教もまたこの方法によって、快感原則を克服してはいなかった。この転換を最初に実現したのは科学であった。しかし科学もまた、その仕事を遂行することで知的な快感が獲得できることを約束しており、最終的には実際に利益がえられると約束していることになる。

五　教育の役割

教育というものは、快感原則を克服して現実原則を採用させることを促進する営みであると、一応は説明することができよう。教育はくだんの自我の発展プロセスを促進し、その目的のために教育者は愛を報酬として与える。だから甘やかされた子供が何もしなくてもそうした愛を手にすることができ、いかなる場合にもこの愛を失うことがないと信じるならば、教育は失敗するのである。

六

芸術

芸術は独特な方法で、この二つの原則を和解させようとする。芸術家という人々は現実とうまく折り合うことができないものだが、それは現実がさしあたり欲動の満足を放棄することを要求するのになじめず、そのために空想の世界で性愛的な願望と野心的な願望を実現しようとするからである。ただし芸術家はこの空想の世界から現実に立ち戻る道をみいだすこともできる。芸術家には特別な才能があって、自分の空想を新しい種類の現実として構築することができ、人々はこうした空想を現実の貴重な似姿とみなすようになるからである。芸術家は外界を実際に変革するという面倒な迂回路をたどることなく、自分がなりたいと願っていた英雄や国王や創造者や人気者になる方法を心得ているのである。しかし芸術家がこれを実現することができるのは、ほかの人々も芸術家と同じように、現実によって願望の実現を放棄することを強いられたことに不満を感じているからであり、快感原則ではなく現実原則を採用することになって発生した不満もまた現実の一部となっているからである。[*7]

七

神経症の選択

自我において快感自我から現実自我への転換が行われているあいだに、性欲動もまた最初の自体愛の段階からさまざまな中間段階を経由して、生殖機能に役立つ対象愛の段階にまで変化している。これらの二つの発達の道筋のそれぞれの段階が、のちの神経症的な疾患の素因となると考えられる。この考えが正しいとすれば、どのような形式の神経症がのちに発症するかを決定するのは（神経症の選択）、自我の発達とリビドーの発達のどの段階において、神経症の素因となる発達の制止が発生したかであるとみなすことができよう。この自我の発達とリビドーの発達の時間的な性質についても、そしてこれらがたがいに時期をずらせる可能性についても、研究はまだ行われていないが、こうした研究はとても重要な意味をもつだろう。

八

神経症の通貨

無意識の（抑圧された）プロセスのもつきわめて不可解な性格は、どの研究者にとっても強い克己心なしでは馴染むことのできないものである。このような性格が生まれる原因としては、無意識のプロセスにおいては現実の検証がまったく役に立たないこと、考えられただけの現実が外界の現実と同じものとみなされること、古くからの快感原則の支配のもとにある場合のように、充足したいと願う願望が、すでに実現された願望と同じものとみなされることなどが考えられる。このように無意識の空想を、無意識的なものとなった想起と区別するのはきわめて困難である。

だからといって抑圧された心的な形成物のうちに現実の評価を持ち込んだり、空想が現実のものではないからという理由で、症状形成における空想の意義を軽視したりしてはならないし、実際に罪を犯していないからといって、神経症的な罪責感の由来を別のところに探そうとしたりしてはならない。

ある国を調査しようとすれば、その国で通用している通貨を採用しなければならないが、わたしたちの場合にはこうした通貨とは神経症の通貨のことなのである。たとえば次のような夢を解釈することを考えてみよう。ある男性が、不治の病に苦しむ父親を長いあいだ看病していたとしよう。そして父親が死んだ翌月に次のような夢を繰り返しみたとしよう。父がまた生き返って、昔のように自分に話しかけている。ところが自分は、父親がもう死んでしまっているのに、そのことを父が知らないでいることを、とても心苦しく感じていた。

一見すると矛盾したところのあるこの夢を理解するためには、「父親がもう死んでしまっているのに」という言葉の前に「自分が望んだように」あるいは「自分が望んだから」とつけ加え、「父が知らないでいる」という言葉の前に、「自分がそれを望んでいたことを」とつけ加えるしかないのである。

したがってこの夢は次のようなことを意味している。彼の父親がまだ生きている時に、自分が楽になりたいために父親が死ねばよいと願わねばならなかったことは、彼にとって想起するのも苦痛なことである。父親が生きているあいだにそのことに気づいていたら、どんなに恐ろしいことだったろう。

これは愛する人を失った時に感じる自責の思いの実例であり、この実例では父親の死を望む子供らしい願望への自責の思いが示されているのである。

この短い論文は、詳しい論評というよりも準備稿とでもみなすべきものであって、多くの欠点をそなえているが、それは避けられないことであったと言ってみても弁明にはならないだろう。この論文でわたしは、現実原則への適応のためにどのような心的な帰結が生まれるかについて手短に述べたのであるが、まだ発表を控えるべき意見も示さざるをえなかった。こうした意見の正しさを証明するにはまだ少なからぬ努力が必要であろう。好意のある読者は、このような論文において、どこで現実原則の支配が始まるかを見分けていただきたいと願うものである。

原注

＊1　ジャネ『神経症』一九〇九年、科学哲学文庫。

＊2　最近オットー・ランクがショーペンハウアーの書物（『意志と表象としての世

界』第二巻）を引用しながら、この原因について注目すべき明快な推測を述べている。『精神分析中央雑誌』第一号、第二号、一九一〇年を参照されたい。

＊3　睡眠状態は、現実を認識するようになる前の心的な生に類似した状態を再現することがある。睡眠状態は現実を意図的に否認することを前提とするからである（睡眠欲望）。

＊4　このように図式的に述べたことをもう少し詳しく説明しておこう。この原則に対する当然の異論として、ひたすら快感原則に服従して外界の現実を無視するような体制では、短い期間さえも生命を維持することができないので、存続しえないという異論が提起されるかもしれない。たしかに乳幼児は母親による世話だけに依存している場合には、この仮説で示されたような心的な体制のもとで生きていることは否定できない。

乳児はおそらく幻覚のうちで自分の内的な欲求が満たされていると感じているのであり、内的な欲求の刺激が高まり、満足が中断されると、叫び声をあげたりばたばたしつづけるなどの放出手段によって自分の不快を表現することを学ぶ。それによってたんに幻覚していただけの満足を実現することができるようになる。のちの幼年期になると、この放出手段としての運動を表現手段として利用することを覚える。乳児の世話は、のちの幼年期の養育の原型となるものであるから、両親から精神的に完全に独立するようになってから初めて、快感原則の支配が終焉するのである。

外界の刺激から隔離された心的な体制の実例として、自分の栄養補給の要求さえも自閉的に（これはブロイラーの表現である）満足させることのできる鳥の卵を挙げることができる。鳥の卵は殻のうちに成長のための栄養を蓄えているのである。卵にとって必要な母親の世話とは、卵を温めておくことにすぎない。

快感原則に従って生きている体制が、外的な現実からの刺激から逃れるために何らかの装置を必要とする場合も考えられるが、これはすでに述べた原則を訂正するものではなく、それを拡張するものなのである。こうした装置は「抑圧」と相関的な関係にあるものであり、内部からの不快な刺激をあたかも外界からの刺激とみなすことによって、それを外界のせいにするのである。

＊5　これはあたかも自国の地下資源の利用によって富を築いている国のようなものであり、そうした国は特定の地域を保存しようとするのである。こうした地域は原始状態のままに保存され、文化の変化の影響を受けないようにされているのである（イエ

ロートン公園)。

＊6 バーナード・ショーが、快感原則よりも現実原則が優先されることについて、「抵抗が最小であることにあまんじる代わりに、利益が最大になる方向を選びうること」と語っている。バーナード・ショー『人と超人――喜劇にして哲学』〔第三幕〕を参照されたい。

＊7 オットー・ランクの『芸術家』(ウィーン、一九〇七年)も参照されたい。

訳注

(1) ヴィルヘルム・グリージンガー(一八一七～一八六八)はドイツの精神科医。グリージンガーの『精神病の病理と治療』では、精神病と夢には、欲望を成就しようとする機能があると語られていることについて、フロイトは『夢解釈』において言及している(『フロイト全集』第四巻、岩波書店、一二五ページ)。ここでフロイトは「わたし自身も探求によって、夢と精神病の心理学的な理論の鍵がここにあることを学んだ」と述べている。

精神分析における無意識の概念についての論考（一九一二年）

精神分析において使われている「無意識」という言葉には、精神分析に固有なものとして、どのような意味を与えるべきかを、できる限り簡潔かつ明確に述べてみたいと思う。

表象の存在と消失

わたしの意識においてある表象が、あるいはその他の心的な要素が現に存在しているのに、次の瞬間には意識から消失してしまっているということがありうる。そしてそうした表象はしばらくの時間が経ったあとで、まったく同じ形でふたたび浮上してくることもまたありうるのである。わたしたちの表現ではそれは記憶の中から浮上してくると思われるのであり、何らかの新しい知覚によって生み出されたものではない。

このことを考えるとこうした表象は、それが消失していたあいだは、わたしたちの心のうちに存在していたにもかかわらず、意識のうちでは潜在的なものにとどまっていたと考えざるをえない。しかしこの表象は、心的な生のうちに存在していたものの、意識のうちで潜在的なものとして、どのような形で存在していたかについては、まったく想定することができない。

哲学からの異論への反論

これについては潜在的な表象は心理学の対象としては存在していなかったが、表象という心的な現象がふたたび同じ形で現れるための身体的な素因として存在していたのではないか、という哲学からの異論に直面することを覚悟しておく必要があるだろう。

しかしこうした異論に対しては、次の三つの反論を提起することができる。第一の反論は、このような議論は心理学の本来の領域を逸脱したものだということである。第二の反論は、こうした主張においては「意識的な」という概念と「心的な」という概念は同一のものとみなしているが、それは問題を回避するものにすぎないということとである。第三の反論は、このような議論では、心理学的にみてごくありふれた記憶のような事実を、その学問に固有の方法で説明する権利を心理学から奪うものであり、明らかに不当な主張だということである。

意識的と無意識的という語の定義

ここでわたしたちは、意識の中に存在していてわたしたちが知覚することのできる表象だけを「意識的な」ものと名づけることにしよう。そして「意識的な」という言葉の意味はこれだけに限定することにしよう。これに対して潜在的な表象は、記憶の場合に確認できるように、それが心的な生のうちに存在しつづけていると想定できる場合には、これを「無意識的な」という言葉で呼ぶことにしよう。

そうすると無意識的な表象とは、わたしたちがそのようなものとして気づくことはできないものの、何らかの兆候や証拠に基づいて、心の中に存在することを承認したいと考えざるをえないような表象のことである。

「後催眠暗示」の実験

わたしたちが判断を下す際に、記憶しているさまざまな事実や連想に基づく事実しか無意識的な要素に対して利用しないのであれば、このような［意識的と無意識的という］区別は無味乾燥な記述の仕事あるいは分類の仕事であるとしか思われないだろう。しかし「後催眠暗示」という周知の実験はわたしたちに、意識と無意識の違いの重要性を確認するように教えてくれるのであり、この違いの価値を重視せざるをえないのである。

この実験はベルネームが行った次のようなものである。[1] まず被験者に催眠術をかけておいて、その後で催眠状態から覚醒させる。被験者が催眠状態にあって、催眠術者の影響下に置かれている状態で、たとえば三〇分後など、定められた時間に特定の行為をするように指示を与えておくのである。被験者は、催眠状態から覚醒した後では意識が戻り、普通の精神状態に立ち返っている。そして催眠状態のあいだに与えられた指示についての記憶は残っていない。それにもかかわらず定められた時間には、指示された行為を行おうとする衝動が強く迫ってきて、被験者は意識をもっていながらその行為を実行するのだが、自分がなぜその行為を実行するのかは理解できないのである。

　この現象については次のように説明するしかないだろう。すなわちそのように行為しようとする意図が、被験者の心のうちに潜在的に、あるいは無意識的に存在していたのであって、それが定められた時間になって意識されるようになったのである。しかもその意図のすべてが意識にのぼったのではなく、実行すべき行為の表象だけが意識に浮上したのである。そしてこの表象と結びついている他のすべての観念は、すなわち催眠術者が与えた指示や、催眠術者の影響や、催眠状態についての記憶などは、その時も無意識のうちにとどまったのである。

この実験の教えること

　わたしたちはこの実験からさらに多くのことを学ぶことができる。この現象についての純粋に記述的な理解から、力動的な理解へと進むことができるのである。催眠状態において指示された行為についての観念は、定められた瞬間に意識の対象となっただけではない。むしろ行為の観念が作動し始めたと考えるべきである。この点こそがこの実験で起こった事態においてもっとも注目に値するところなのである。

意識が行為の観念の存在に気づくと同時に、その行為が遂行されたのである。そしてこの行為の本来の動因は、催眠術者が与えた指示であったのだから、指示の観念も同時に働き始めたと考えざるをえないのである。

ここで注目すべきことは指示の観念がもたらした結果である行為の観念は意識されるようになったものの、指示の観念そのものは意識に浮上してこなかったことである。すなわち指示の観念そのものは無意識のうちにとどまっていたのである。だから指示の観念は作動しながらも、同時に無意識的なままだったのである。

この後催眠暗示は実験室の産物であり、人工的に作り上げた事実と言えるだろう。しかしP・ジャネが作り出し、ブロイアーとわたしが完成したヒステリーの現象についての理論を容認するならば[2]、わたしたちは自然の事実を十分に利用することができるのである。そしてこれらの自然の事実は、後催眠暗示の心理学的な性格をさらに明確かつ明晰に示してくれるのである。

精神分析によって示される無意識の観念の存在

ヒステリー患者の心的な生は、有効に働きつづけてはいるものの無意識的な諸観念で満たされているのであり、あらゆる兆候はそこから生まれる。実際にヒステリー患者のもっとも重要な特徴は、患者の心的機構が無意識的な表象によって支配されていることにある。ヒステリーの女性が嘔吐する場合に、彼女は自分が妊娠しているという観念のために嘔吐しているのかもしれないが、本人はそのような観念についてはまったく知らないのである。ただ精神分析の技法的な操作によって、その女性の心的な生のうちに、自分が妊娠しているという観念が存在することが容易に発見されるのであり、そのことを本人に自覚させることができるのである。

あるいはヒステリーの女性が「発作」を起こして痙攣や発作的な身振りをする場合にも、本人は自分で意図したはずのこれらの行為を意識的になそうとは考えていないのであり、あたかも傍観者であるかのような感情をもって、こうした行為を眺めている。しかし精神分析によって、彼女が自分の生涯のある情景を劇的な形で再演しながら、そうした身振りによってある役割を演じていること、そしてその情景の記憶が発作のあいだにも無意識のうちに働きつづけていたことを証明することができるのである。他のあらゆる形の神経症の心理学において、このような無意識ではあるが働きつづけている観念の支配が重要な役割を果たしていることが、精神分析によって明らかにされている。

このようにわたしたちは神経症の現象を分析することによって、潜在的な観念や無意識的な観念というものは力の弱いものであるとは限らないこと、心的な生のうちにこのような観念が存在することは、否定しがたい間接的な証明によって提示することができるのであって、これは意識において示される直接的な証明と同等の力を持つものであるということを理解するにいたったのである。わたしたちはこのようにしてえられた新たな知識に基づいて、すでに述べたような分類を整合的なものとするために、さまざまな種類の潜在的で無意識的な観念について、基本的な区別をするのは当然なことであると考える。

前意識と無意識の定義

これまでわたしたちは潜在的な観念というものは、その力が弱いために潜在的なままにとどまっているのであり、そうした観念が適切な力を獲得すれば、意識化されると想定していた。しかしわたしたちはこのような考察によって、意識の舞台にのぼってこない潜在的な観念のうちにも、非常に力の強いものがあることを確信するにいたった。そこでわたしたちは第一のグループの潜在的な観念を、前意識的な観念と呼ぶことにしたい。そして本来の意味での無意識的なものという言葉は、神経症について考察した第二のグループの潜在的な観念を呼ぶために使うことにしよう。

このようにしてわたしたちがこれまでただ記述的な意味だけで使っていた無意識的なという言葉の意味が拡張されたわけである。この言葉はたんに潜在的な観念一般を表現するだけではなく、作動しつづけており力の強いものでありながら、意識にはのぼってこないという力動的な性格をそなえた観念を呼ぶためにも使われるようになったのである。

意識の分割という異論

ここで考察をつづける前に、これに提起されるかもしれない二つの異論を取り上げておくことにしよう。第一の異論は、このような訳の分からない無意識的な観念という仮説をでっち上げるよりも、意識は分割されうると想定すべきではないかというものである。意識が分割されうるとすれば、個々の思考や心的なプロセスが、意識的なプロセスを遂行する心理的な活動のメイン・ブロックから分離されて、それとは疎遠になると想定できるわけである。アザム博士が提示した周知の病的な症例などは、(3) 意識が分割されるという考え方は空想による思いつきではないことを証明するために役立つものであろう。

このような反論に対しては、それがたんに「意識的」という言葉を乱用しているものであることを指摘したいと思う。この意識的という言葉の意味を拡張して、意識の持ち主である人物にとっても理解できない意識まで、意識と名づける権利は誰にもないのである。哲学者たちは無意識的な観念というものの存在を信じることができないようであるが、わたしには無意識的な意識というものが存在することのほうが信じがたいのである。アザム博士が提示した症例は、意識の分割を示すものというよりも意識が変容したものとみなすべきものではないだろうか。こうした意識の変容においては特定の機能が(それがどのようなものであろうと)、二つの異なる心理的な複合体のあいだを往復しており、それによって片方の心理的な複合体が意識的になったり、無意識的になったりしていると考えられるのである。

無意識は病的な状態のものであるという異論

提示されると思われる第二の異論は、わたしたちが健常者の心理学に適用しているさまざまな推論というものは、病的な状態からえられたものが多いのではないかというものである。

これについては精神分析によって確認された一つの事実によって反論することができる。すなわち言語的な失錯、記憶違いや言い間違い、人名の忘却など、健常者にもきわめて頻繁にみられるある種の機能障害が、強力な無意識的な観念の働きによって生まれたものであることはすぐに明らかにすることができる。これは神経症の兆候とまったく同じものなのである。この第二の異論については、この論文においていずれさらに説得力のある反論を提起することができるであろう。

前意識と無意識についての理論

前意識的な観念と無意識的な観念を厳密に区別することによって、わたしたちは分類の領域を離れて、心の活動における機能的な関係と力動的な関係について見解を明らかにする営みに取り掛かることになる。やすやすと意識に移行することのできる活動的な前意識の存在と、意識とは断絶して働きつづけているようにみえる無意識の存在を発見したのである。

わたしたちにはこの二種類の心的な活動がもともと同一のものであったのか、それともその本質からして対立するものであったのかは分からない。それでもこの二種類の心的な活動が、心理的なプロセスのうちにあってなぜたがいに異なったものになったのかという問いを立てることはできる。そして精神分析によってこの問いに対して躊躇なく明確な答えを示すことができるのである。

働きつづけている無意識が作り出したものが、意識の領域に浮かび上がることそのものは、不可能なことではない。しかしそのためにはある程度の緊張を投入する必要がある。わたしたちが自分で試してみれば分かるように、そこには防衛の感情が明白に存在していて、これを克服しなければならないのである。さらに患者にこのことを求めるならば、患者の側に抵抗と呼べるような明確な兆候が生じるのである。

このようにしてわたしたちは、無意識的な観念は生き生きとした力によって意識から切り離されているのであり、こうした力が意識に無意識的な観念を受け入れることを妨げていること、そしてその他の前意識的な観念は、こうした力によって妨げられていないことを理解するのである。

無意識的な観念が拒絶されるのは、そうした思考のうちに含まれる傾向によるものであることは、精神分析によって疑いの余地がないまでに明らかにされている。わたしたちがこれまで獲得している知識によって確立することのできるもっとも確実で近似的な理論は、次のようなものである。

無意識というものは、わたしたちの心的な活動の基礎となるプロセスにおいてつねに不可避的に存在する段階である。すべての心的な行動は無意識的なものとして始まるのであり、それが抵抗にであった場合は無意識なものにとどまり、抵抗にであわない場合はさらに発達して、意識の領域にまで入り込む。前意識的な活動と無意識的な活動の違いは本質的なものではなく、「防衛」が行われることによって初めてその違いが生まれる。防衛が登場することによって初めて、意識にのぼることができ、いつでも意識に立ち戻ることのできる前意識的な思考と、それが許されない無意識的な観念の違いが、理論的な価値と実際的な価値をもつようになるのである。

わたしたちは意識的な活動と無意識的な活動にはこのような関係があると想定しているのであり、この関係の概略的ではあるが的確なアナロジーとしては、通常の写真の現像のプロセスを挙げることができる。すべての写真は第一段階として「陰画《ネガ》」の段階を経由するのであり、好ましいものと判断されたネガだけが「陽画《ポジ》の段階」に進むことを認められ、わたしたちの見るような写真になるのである。

夢の三つのプロセス

しかし心的な生についての精神分析的な研究によってもたらされた有意義な結果は、前意識的な活動と無意識的な活動が区別され、この二種類の活動を分離している要素が認識されたことだけにあるのではない。ごく正常な人間のうちに見られる心理的な産物のうちにも、狂気がもたらすきわめて荒々しい産物と著しく共通したところがあり、哲学者たちにとって狂気そのものよりも不可解なものと思われた産物が存在する。それは夢である。

精神分析は夢の分析に依拠している。この若い学問がこれまで実現してきたもっとも完璧な業績は、この夢の解釈によって生み出されたものである。夢が生み出される典型的なプロセスを説明してみよう。昼間の精神的な活動によって一連の思考が呼び覚まされ、夜になってもその活動能力をいくらか維持していた。眠っているあいだは一般に関心の水準が低下し、それによって眠るための精神的な準備が行われて、眠りがもたらされるのであるが、これらの思考はそうした活動能力を保持していたために、その影響を免れるのである。

夜のあいだにこれらの一連の思考は、夢を見ている本人の心的な生において幼児の頃からずっと存在していたが、普段は抑圧されて意識からは締め出されていた無意識的な願望の一つと結びつくことができる。昼間の活動の残滓として存在していたこの思考は、無意識的な願望のもつ力によって助けられて、ふたたび活動することができるようになり、夢という形で意識に浮かび上がることができるのである。

ここでは次の三つのプロセスが発生している。

第一にこれらの思考は転換され、変装し、歪曲されているが、これは無意識的なものの参加によって生じたものである。

第二にこれらの思考は、しばらくのあいだは意識を占領することができた。本来であればこれは許されなかったはずなのである。

第三に、通常であれば不可能なことであったはずだが、無意識的なものの一部が意識の領域に浮かび上がってきたのである。

潜在的な夢思想の運命

わたしたちは「昼間の残滓」と潜在的な夢思想をみつけだす技術を発見したのである。これらのものを夢の顕在的な内容と比較することによって、これらの潜在的な夢思想がたどった変化について、そしてこのような変化が可能になった方法について、判断を下すことができるようになったのである。

潜在的な夢思想は、わたしたちの通常の意識的な心の活動の所産と異なるところはまったくない。これらは前意識的な思考と呼ばれるにふさわしく、実際においてわたしたちが覚醒しているあいだに意識化されることも十分にありえたのである。しかしこうした潜在的な夢思想は、夜のあいだに無意識的な願望と結びついたために、そうした無意識的な願望と一体化したのであり、ある意味で無意識的な観念の状態にまで抑えつけられて、こうした無意識的な活動を規制する法則に従うようになったのである。

このようにしてわたしたちは、心の無意識的な活動を規制している法則は、心の意識的な活動を規制している法則とは著しく異なるものであることを学ぶ機会を獲得したのである。このようなことはわたしたちが思弁を基礎としている限り学ぶことはできないものであり、他の経験的な知識の源泉から推測することもできないものである。

わたしたちは詳細な研究によって、無意識のさまざまな特性について知識を獲得したのであり、夢のプロセスをさらに徹底的に研究することによって、さらに多くのことを学べると期待できるのである。

無意識の体系の重要性

こうした研究はまだその道程の半ばにも到達しておらず、これまでえられた成果を発表しようにも、夢解釈について極めて錯綜した問題に立ち入らざるをえないのである。しかしわたしとしてはこの問題の解明を中断するにあたって、わたしたちが夢の精神分析によって、無意識についての理解がどのように変化し進歩してきたかを、述べておきたかったのである。

当初は無意識というものは、特定の心的なプロセスにそなわった奇妙な性格の一つとして考えられていたにすぎない。しかし今ではわたしたちにとって無意識というものがさらに多くのことを意味するようになった。無意識のような心的なプロセスは、わたしたちがさらに重要な一連の性格によって確認している特定の心的なカテゴリーの本性に属するものであること、このような心的なプロセスは、わたしたちが何よりも注目すべき心の活動の体系に属するものであることを示す兆候をそなえているのである。

このようにして無意識が指標としてもつ価値が、無意識の特性としての意義をはるかに上回る重要なものとなったのである。わたしたちはそれを構成する個々のプロセスが無意識的なものであるという特徴で知られる体系を、もっと適切で明確な表現が見当たらないために「無意識」と呼ぶことにしよう。そしてこうした体系の名称として、「無意識」の略称であるUbwという言葉を使うことを提案したい。

これこそが「無意識」という表現が精神分析において獲得した第三にして、もっとも重要な意義なのである。

訳注

（1）イポリット・ベルネーム（一八四〇～一九一九）はフランスの精神科医で外科医。

催眠術はヒステリー患者だけではなく、普通の人がかかるものであることを主張し、アンブロワーズ＝オーギュスト・リエボーとともにナンシー学派を構成した。そのことを証明するために、とくに催眠中の被験者に暗示をかけて、催眠状態から覚醒した後に一定の行動をとらせることができることを示した後催眠暗示を活用した。フロイトは一八八八年にベルネームの著作『暗示とその治療効果』のドイツ語訳を刊行しており、その序文では催眠術のもつ重要性を強調している。

（2）ピエール・ジャネ（一八五九〜一九四七）はフランスの心理学者。催眠術に大きな関心をもち、フロイトとほぼ同じ時期に、無意識の働きについて注目していた。ヨーゼフ・ブロイアー（一八四二〜一九二五）はオーストリアの精神科医で、フロイトと共同でヒステリー研究に携わった。フロイトとブロイアーの共著『ヒステリー研究』では、画期的な「煙突掃除」の概念を提起している。

（3）エティエンヌ・ウジェーヌ・アザム（一八二二〜一八九九）はフランスの外科医であるが、多重人格の存在を主張して精神医学の分野でも有名になった。一八八七年に刊行された著作『催眠術　二重意識と人格の交替　フェリダの症例』にはシャルコーが序文を書いている。

想起、反復、徹底操作（一九一四年）

精神分析の技法の変遷

精神分析が始まってから、精神分析のための技法がどのように根本的な変化を経験してきたかに、精神分析を学習している人々の注意を促すことは、無用なことではないと考えられる。

一番最初のブロイアーのカタルシス［浄化］療法の段階において目的とされていたのは、症状を形成するきっかけとなったものを直接に取り上げ、当時の状況において発生したさまざまな心的なプロセスを再現することで、意識的な活動によってこれらのプロセスを完結させるための努力を一貫して行うことだった。その当時の主要な目的は、患者を睡眠状態に置くことによって、過去を想起させ、浄化作用を起こさせることにあった。

やがて催眠術を放棄した後に分析の技法上の課題となったのは、被分析者に自由に連想させて、被分析者が思い浮かべたことから、想起することを妨げているものは何であるかを推定することだった。分析者は解釈の仕事によって、そして解釈の結果を伝達することによって、患者の抵抗を回避しようとしたのである。

その場合にも症状が形成された状況にまで遡って、発病の背景となった状況に焦点を合わせるという作業は、以前と同じように行われていた。ただし浄化という目的は背後に退いており、患者が精神分析の基本法則を遵守することにより、思いついたことをそのまま述べ、それに対する批判や選択をみずから行わないようにするためにかなりの努力が費やされたのであった。

そして最後に、現在のような組織的な技法が作りだされた。現在では分析者は、特定のきっかけや問題に焦点を当てるのをやめて、被分析者のその時点での心的な表層を詳細に研究しながら、解釈技術を駆使することによって明らかにされた抵抗を認識し、それを被分析者に自覚させることが主要な目的となった。

ここにおいて新たな種類の仕事が誕生したのである。すなわち分析者は患者が知らないでいる抵抗を発見しなければならない。こうした抵抗が克服されたならば、患者は忘れていた状況や関連を苦労せずに思い出すことができるのである。
もちろんこのような技法上の目的はずっとそのまま維持されてきたものである。これを記述的に表現してみれば、想起が妨げられているところを明らかにすることが目指されているのであり、力動的に表現してみれば、抑圧抵抗を克服することが技法上の目的なのである。

催眠術の利点

わたしたちはかつての催眠術を利用した技法が、分析の際の個々の心的なプロセスを分離した形で図式的に示してくれたことには感謝しなければならない。この発見を手がかりにしてわたしたちは、分析による治療において錯綜した状況を作り出しながらも、それを明確な形で維持するという勇気をもつことができたのである。ところで催眠術の方法によれば、想起することそのものはごくたやすいことであった。患者は現在の状況と取り違えることなく、過去の状況のうちに身を置いて、かつてその状況によって生じた心的なプロセスを、それがごく普通の状態であったときのものとして報告するのである。そしてかつては無意識的であったプロセスを意識的なものとすることによって実現できるもの［カタルシス］をもたらすのである。

隠蔽記憶の重要性

これについて、分析者なら自分の経験に基づいて誰でも証明することのできるような意見をいくつか述べておくことにしよう。印象や情景や体験が忘却されるのは多くの場合、「遮断される」ためである。患者が自分の「忘れていたもの」について語るときには、「このことはずっと覚えていたのですが、それについて考えなかっただけなのです」とつけ加えるものである。患者はまた自分が「忘れていた」のを認めるような事柄についても、それが起きてからずっとそれについては考えていなかったために、それをうまく思い出せないという失望の気持ちを漏らすものである。それでいて転換ヒステリーの場合には、そのような望みを満足することもできるのである。

さらにこうした「忘却されたもの」については、実際に広範に存在している隠蔽記憶を検討することによって、その範囲をさらに狭めることができる。多くの症例において、わたしたちが理論的に重要であると評価している幼年期の健忘は、この隠蔽記憶によって完全に埋め合わせることができることが確認されている。この隠蔽記憶のうちには、幼年期の生活におけるいくつかの重要なものが保存されているだけではなく、そもそもすべての重要なものが保存されているのである。わたしたちは分析することによって、これらの隠蔽記憶のうちに隠されている本質的なものを取りだす方法を理解すればよいのである。顕在的な夢内容が潜在的な夢思想の代理となっているのと同じように、隠蔽記憶は忘れられた幼年期を十分に代理するものとなっているのである。

忘却と想起との関係で、これらとは別に考察する必要のあるその他のグループの心的なプロセスがある。たとえば空想や関連付けや感情の動きや意味連関などのように、純粋に内的な行為として、印象を受けることや体験などの外的な行為と対比させることができるものである。

これとの関係でしばしば起こる現象は、今までまったく気づいたこともなく、一度も意識されたこともないために、そもそも「忘却された」などとは言いえないようなことが、「想起される」という出来事である。精神の動きにとっては、このような「関連」はかつては意識されていたが、それが後になって忘れられていたのか、あるいはそもそもまったく意識されたことがなかったのかは、どちらでもよいことである。

患者が分析の際に獲得した確信は、このような想起とはいかなる関係もないのである。

強迫神経症における〈忘れられたもの〉

とくに強迫神経症はきわめて多様な形態をとるものであり、〈忘れられたもの〉というのはそれについての関連が解消されてしまったか、連続性が見失われてしまったか、さまざまな記憶が孤立してしまったことによって生まれているのである。

きわめて重要な体験であっても、幼年期のごく初期に起こった出来事で、その当時は幼児の自我にとって理解することもできないままに体験されたものが、成長してきた自我によって、事後的に理解し解釈できるようになった場合には、そうした出来事を記憶として呼び覚ますことはほとんど不可能である。

ただしそのような体験は夢によって認識することができる。わたしたちはこの神経症のメカニズムのうちでももっとも強い動機を知ることによって、夢の中で認識されたものの正しさを信じざるをえなくなるのである。さらに被分析者が抵抗を克服した後では、それをよく知っていたという想起感情が生まれないとしても、被分析者はそうした体験があったことを否定するようなことはないだろうと確信することができる。

いずれにしてもこの対象はきわめて批判的な慎重さをもって取り扱うべきものであり、また多くの新しいものや見慣れないものをもたらしてくれるものであるため、適切な材料について特別な取り扱いが行えるようになるまで、考察は差し控えておくことにする。

想起と行為化

このように［自由連想法という］新しい技法を使った場合には、［催眠を利用した場合のようには］分析は順調に進まないことが多いのであり、まったく成果があがらないことも多かったのである。このような新しい技法を使った場合には、最初のうちは催眠術の技法を利用した場合と同じような経過になるものの、やがては失敗に終わるということもあったし、最初からまったく違った経過になることもあった。

この二つの技法の違いを明らかにするには、自由連想法の場合には患者は忘れられたものや抑圧されたものについては、何も想起することはなく、それを行為によって表現すると説明することができよう。被分析者はそれを記憶として再生するのではなく、行為として再現するのである。ただし被分析者はそれを自分が再現しているということを知らずに、行為において再現するのである。

患者の行為化の三つの実例

実例を挙げてみよう。たとえば被分析者は、「わたしが思い出すのは、かつてわたしが両親の権威に対して反抗し、不信の念を抱いていたことです」などと語るのではなく、分析者に対してそのような反抗と不信の態度をとってみせるのである。あるいは被分析者は自分が幼年期に行った性についての探究において途方に暮れたことを思い出すのではなく、混乱した夢や思いつきを山ほど持ち出しておいて、自分ではどのようなことをしてもうまくいかないとか、どんなことも最後までやり遂げることができないように運命づけられているなどと語るのである。

またはかつて自分が何らかの性的な行為に耽っていたことを恥ずかしく思っていて、それが露呈するのではないかと懸念していたことを思い出すのではなく、現在の時点においてこのような治療を受けるようになったことを恥ずかしく思っていることを態度で表明し、治療を受けていることを誰にも隠しておこうとするなどである。

想起への抵抗

被分析者は治療を受けるようになると最初に、そのようなことを［行為において］反復してみせるのである。波乱に満ちた生涯を送ってきて、病歴も長いような患者に、精神分析の基本原則について説明し、自由連想の方法によって何でも語るように求めたとしても、患者が怒涛のように話し始めるという期待は裏切られて、患者が何も話すべきことをみいだせないこともよくあるのである。そして口を閉ざして、何も思い浮かばないと言い張ることになる。

もちろんこれは患者がかつての同性愛的な態度を反復していることによるものであって、これによっていかなる思い出を想起することにも抵抗するのである。患者は治療を受けている限り、このような反復への強迫から逃れることはできないのである。そしてわたしたちは結局、これが患者が想起する時のやり方なのだと理解するのである。

反復強迫と抵抗および転移の関係

もちろんわたしたちが最初に興味を抱くのは、このような反復強迫が抵抗や転移とどのような関係にあるのかということである。そしてわたしたちはやがて転移というものはそれ自体が反復の一つの部分にすぎないということ、反復する行為において患者は忘れられていた過去を、たんに分析者に対して転移するだけではなく、現在の状況のあらゆる領域に対しても転移することに気づくのである。

そしてわたしたちは被分析者が、想起しようとする衝動の代わりにこのような反復強迫に身を委ねるのであり、これは分析者との人間関係だけにおいてではなく、治療と並行して進められている被分析者の生活のその他のすべての行動や関係においても、同じような反復強迫に身を委ねていることが理解できる。たとえば被分析者が治療中にある恋愛対象を選ぶ時にも、ある仕事を引き受ける時にも、何らかの計画に参加する時にも、想起への衝動の代わりに、このような反復強迫に身を委ねるのである。

その場合に抵抗がどのような役割を果たしているかもすぐに理解できる。抵抗が大きければ大きいほど、記憶の想起が反復という行為によって代理される傾向が強まるのである。催眠状態においては、忘却されていたものを想起する作業が理想的な形で行われるのは、そのような状態では抵抗がまったく排除されているからである。これに対して穏やかな陽性転移のもとで治療が始められる場合には、さしあたりは睡眠の場合と同じように、記憶を想起させることができるのであり、記憶を想起しているあいだは症状も収まっている。

ところが治療が進むうちに、このような転移が敵対的な性格のものとなることがあり、あまりに強くなりすぎると、抑圧の必要が生まれる。そこで記憶の想起の代わりに行為化が行われるようになる。それ以降は抵抗の性質によって、反復されるものの順番が決定されるのである。いわば患者は過去という兵器庫から武器を取り出して、それによって分析の継続から身を守ろうとするのである。わたしたちは患者からこうした武器を一つずつ奪い取らなければならないのである。

患者が反復するもの

このようにしてわたしたちは、被分析者は想起する代わりに「行為において」反復するのだということ、抵抗の条件のもとで反復するのだということを確認したのである。そこで次に問うべきことは、被分析者は何を反復するのか、何を行為するのかということであり、この問いには次のように答えることができるだろう。被分析者が反復するのは、抑圧されたものを源泉として、すでに彼の本質の中に確立されているすべてのものである。すなわち制止されることによって無用なものとなっていたすべての精神的な態度や、病原としての性格的な特徴などのすべてを反復する。実際に被分析者は分析治療のあいだに、自分の症状をすべて反復する。

ここでわたしたちは、強迫的な反復を強調することによっていかなる新しい事実を認識したわけでもなく、むしろ統一的な考え方が可能となったにすぎないことに気づくのである。そしてわたしたちは被分析者の病気は、分析による治療を開始することで終わらせることができるようなものではないこと、そして歴史的な過去の事柄としてではなく、むしろ現在においてなお効力を維持している力として取り扱わなければならないことに気づくのである。

被分析者の病気は少しずつ、分析治療の地平のうちに現れ、その治療効果の範囲に含まれるようになっていく。そして患者がそれを現実的なものとして、力を持つものとして経験しているあいだに、それを手がかりにしながら、過去へと遡ることを根本とする治療を進めなければならないのである。

「治療のあいだの悪化」の可能性

催眠術によって想起させるという作業には、あたかも研究室で実験を行うような印象が生じるのは避けがたいことである。しかし新しい自由連想の技法を採用して、分析しながら被分析者に反復させることは、現実生活の一部を呼び起こすことでもあり、つねに無害で安全なわけではない。「治療のあいだに悪化する」という事態はしばしば避けられないものである。

とくに治療が開始されると、患者はそれまで自分の病気について維持していた意識的な態度を変えなければならなくなる。通常は患者は自分の病気について嘆き、それが無意味なものであると軽蔑し、その意味を過小評価することで満足するものである。そのほかに自分の病気の現れに対しては、ダチョウが砂の中に頭を隠すように病気の源泉をみないようにするという抑圧的な手段をとることもある。そのような場合に患者は、自分の恐怖症がどのような条件によって生まれるかを正しく認識しておらず、言葉によって彼の強迫観念を正しく説明してもそれに耳を貸さず、自分の強迫衝動の意味を理解しないことになる。

もちろんそのような態度は治療にとっては好ましくないものである。患者は勇気を奮って、自分の病気のさまざまな現れに注意を向けなければならない。病気そのものがもはや軽蔑すべきものであってはならず、手強い敵であること、そして病気は明確な存在理由のある自分の本質の一部であって、そこから彼が自分のその後の生活にとって貴重なものを取り出すべきであるとみなさなければならないのである。

すなわち最初から、彼の症状に現れた抑圧されたものと和解する準備をしなければならないのであり、病気に対するある種の寛容さも求められるのである。ただしその場合には病気とのこうした新しい関係によって葛藤が先鋭化されて、それまではっきりと認められなかった症状が前面に出てくることもあるだろう。そのような場合には次のように語って患者を慰めることができるのである。すなわち「そうした悪化は避けられないものですが、一時的なものです。敵が完全に姿を隠していたり、手近なところにいない場合には、敵を倒すことはできないのですから」。

ただし抵抗する側もまた、自分の意図を貫くために、こうした状況を利用するのであり、病気であってもよいという許可をうまく悪用するのである。そのような場合に抵抗は次のように語っているかのようである。「今にみていろ。俺が本当に働き始めてこの状況を活用できるようになればどんなことになるか。これらを抑圧しておくほうが良かったことが分かるだろう」。とくに若年の患者の場合には、治療のために病気そのものに歩み寄ることが必要となると、好んで病気の症状にふけるようになるものである。

これよりももっと危険なのは、治療をしているあいだに、はるかに深いところに隠されていて、表面に現れていなかった欲動の動きが目覚めて、反復されることである。結局は患者の行動が転移の枠組みから逸脱して、一時的にせよ生活の上で障害となることもある。あるいは達成すべき健康を長らく無益なものとしてしまうような行動が選択されることもあるのである。

分析者の採用すべき手段

このような状況に直面した場合に、分析者が何らかの策略を用いなければならないことは、認めねばならないだろう。分析者にとって残されているのは、昔からの方法によって記憶を想起させ、心的な領域のうちで記憶を再生させることである。この目標は、自由連想法という新しい技法では実現できないことが分かっていたとしても、分析者にとっては手放すことのできないものである。分析者は、患者と不断の闘争体制を維持することによって、患者が行動において表現しようとする衝動を、すべて心的な領域のうちにとどめておかなければならない。そして患者が行動によって発散したいと望んでいることを想起の作業によって解決することができれば、それを治療の成功として祝うのである。

分析による治療によって、転移による結びつきが何らかの形で利用できるようになった場合には、治療において重要な意味をもつ患者のそうした反復行動を阻止して、この反復行動を行おうとする意図を、それが生まれる地点において、治療のための素材として利用することができるのである。

衝動を実現してしまった場合に起こる弊害からできるかぎり患者を保護するためには、治療のあいだは、職業の選択を決定したり、重要な恋愛対象を選択したりするような生活上の大切な決定を下さないように求め、これらの決定を行うのは回復の時期を待ってからにするようにさせる必要がある。

失敗例

もちろん医者の側としても、これらの注意点に反しない限り、被分析者の人格的な自由を尊重するものであり、患者が愚かしいものではあっても重大な意味をもたない意図を遂行しようとした場合には、それを妨げようとはしないものである。人間というものは、被害を受けたり、自ら身をもって経験したりしなければ賢くならない存在であることを、わたしたちは忘れたりしないのである。そのために治療中に患者がまったく目的にそぐわない試みを始めるのを妨げることができず、後になって分析によって対処するしかない場合も起こりうる。あるいは患者の欲動に対して、転移という方法で手綱をつける時間的な余裕がないこともあるし、患者が何らかの反復行動をするうちに、自分と治療行為とを結びつける絆を断ち切ってしまうということもある。

その極端な実例として、ある中年の女性の事例を挙げることができる。この女性は朦朧とした状態になって、自分の家と夫を見捨てて何度も自宅から離れたところに逃走していたのであるが、一度も自分の「遁走」の動機を意識していなかった。ところがわたしの治療において彼女は著しく情愛深い転移を開始し、最初の数日のあいだにこの転移を不気味なほどに急速に強めたのであった。そして一週間目の終わり頃になって、わたしが彼女にこの反復を妨げていたかもしれないことについて聞かせる時間的な余裕を確保する前に、わたしの前から「遁走」してしまったのである。

転移の果たす役割

しかし患者の反復強迫を制御して、これを手がかりとして記憶を想起させるための中心的な方法は、転移による措置である。わたしたちは患者の反復強迫にある種の権利を認めてやり、それが特定の領域の中で自由に現れるようにさせておくことによって、それを無害なものに、それどころか利用可能なものにすることができる。わたしたちはこの転移を利用して、反復強迫が十全に、そして自由に展開できる場所を作りだしてやるのである。この場所において反復強迫は、被分析者の心的な生のうちに隠されている病的な欲動をわたしたちの目の前に展開してみせてくれる。

このような治療のための必須条件を患者が尊重してくれるようになれば、わたしたちは病気のあらゆる症状に対して、それが転移性の現象であるという新しい意味を秩序立てて与えることができるようになる。これによって通常の神経症を転移神経症に変えることができるわけであり、この転移神経症は分析によって治療することができる。

このようにして転移によって、病気と健康な生活のあいだにある種の中間的な領域が作りだされるのであり、この領域によって患者は病気から健康な生活へと移行することができるようになる。この新しい中間領域は、病気のすべての性格を引き継いでいるが、それが表すのは一つの人工的な病気であり、そのすべての部分にわたしたちは対処できる。この中間領域はまた同時に現実の体験の一部でもあり、これはとくに好都合な条件によって生み出されたものであるため、一過性という性格をそなえている。このような転移のうちで示される反復反応には、やがて抵抗が克服された後で苦労することもなく想起することのできる記憶を喚起するための周知の道が開かれているのである。

徹底操作

わたしはここでこの論文を終えてもよいのであるが、この論文のタイトルからも、分析技法についてさらに詳しく述べておく必要があると思われる。よく知られているように、抵抗を克服するための最初の作業は、被分析者がまったく意識しないでいる抵抗を医者がみつけだして、これを被分析者に教えるという作業である。ところが精神分析の初心者は、この手始めの仕事が分析の仕事の全体だと考えてしまう傾向があるようである。分析の初心者からしばしば、患者に抵抗について教えたのに何も変わらなかったとか、それどころか抵抗がさらに強められ、分析の全体の状況がますます見通しの悪いものになったとか訴えられたり、助言を求められたりすることがある。そしてこうした初心者の分析者は、これ以上は分析治療をつづけることができないと言うのである。

しかしこのような悲観的な見込みはつねに間違いであって、全体としてみると治療はきわめて順調に進んでいたことが明らかになることが多い。分析者が患者の抵抗を指摘すれば、そうした抵抗はなくなると思い込んでいただけのことである。患者が自分の知らなかった抵抗についてさらに熟知できるように、その抵抗を徹底操作しなければならないのであり、抵抗に逆らいながら精神分析の基本原則に基づいた作業をつづけることで、患者にそうした抵抗を克服するための時間を与えなければならないのである。

そのような徹底操作が頂点に達したときにはじめて、わたしたちは被分析者との協力作業によって、抵抗の源泉となっている抑圧された欲動の動きを発見することができるのである。そして患者はそのことによって、抑圧された欲動の存在とその強さを確信することができるようになる。その際に分析者は静観して待ちながら、避けることができず、促進することもできないこのプロセスが経過するままに委ねるほかには、何もしてはならないのである。このことがしっかりと理解されていれば、たびたび錯乱したり、失敗したりすることなく、正しい方向で治療をつづけることができるだろう。

徹底操作の役割

このような抵抗の徹底操作は、被分析者にとっては辛い課題であり、分析者にとっても忍耐の必要な試練となるかもしれない。しかし治療におけるこの作業こそが患者にもっとも大きな影響を及ぼすものであり、分析治療が、いかなる暗示による影響力の行使とも異なる最大の点である。理論的にはこれは抑圧によって閉塞状態に追い込まれていた情動の量を「浄化する」作業とみなすことができる。催眠術的な治療の効力もまた、このような「浄化」を実現したことにあるのである。

抑圧（一九一五年）

抑圧の可能性

欲動の動きの一つの〈運命〉として、欲動の動きを無効にしようとする抵抗に直面することがある。こうした状況では、欲動の動きは抑圧されることになるが、その条件についてこれから詳細に検討したい。外的な刺激であれば、これに対処する適切な方法は、当然ながら〈逃避〉である。しかし欲動の場合には〈逃避〉という方法は利用できない。自我が自分自身から逃避することはできないからである。もっと後の段階になれば、欲動の動きに対抗する適切な手段として、〈判決棄却〉あるいは〈有罪判決〉を利用できるようになろう。抑圧は、〈有罪判決〉の前段階、すなわち〈逃避〉と〈有罪判決〉の中間段階である。精神分析の研究が行われるまでは、この抑圧という概念を提示することはできなかったのである。

抑圧の可能性を理論的に説明するのは容易なことではない。欲動の動きはなぜこのような〈運命〉に陥るのであろうか。抑圧が行われるための条件は、欲動の目標を達成すると、快ではなくむしろ不快がもたらされることにあるのは、明らかである。しかしこうした状況は、なかなか考えにくい。不快をもたらす欲動というものは存在しないのであり、欲動の満足はつねに快に満ちたものだからである。あるプロセスが存在するため、満足による快が不快に変わるという特別な状況を想定しなければならない。

他の状況との比較

抑圧についての理解を深めるために、ほかのいくつかの欲動の状況を検討してみよう。たとえば外部の刺激が、身体の器官を蝕み、破壊することによって、この刺激が内面化され、つねに興奮と緊張増大の新たな源泉となる場合が考えられる。このような刺激は、欲動ときわめて類似した性質を獲得する。こうした場合には、これは痛みとして感じられる。しかしこの疑似的な欲動の目的は、器官に発生している変化と、これと結びついた不快をなくすことにすぎない。痛みがやんでも、それで直接的な快がえられるわけではない。痛みはすぐに対処すべき耐えがたいものであり、薬物の鎮静作用か、気分転換して気を紛らわすことによってしか、抑えることができない。

しかし痛みの例は曖昧で、わたしたちの研究の目的にはあまり役立たない。そこで飢えのように、欲動刺激が満たされないままの状態を取り上げよう。飢えが満たされないと耐えがたくなり、この欲動を満足させる行為でなければ鎮められず、欲求のもたらす緊張はずっと維持されている。抑圧はここではまったく問題とならないようである。

このように、ある欲動の動きが満たされないために緊張が発生し、これが耐えがたいほど大きなものとなる場合には、抑圧が起こらないのは確実である。生物がこのような状況において自己を防衛する方法については、別の機会に検討しよう。

抑圧の本質とその条件

それよりも精神分析の治療における臨床経験に基づいて考察しよう。すると、抑圧された欲動を満足させることは十分に可能であること、いかなる場合においても、こうした欲動の満足はそれ自体で快に満ちたものであること、しかし他の要求や意図とは両立できないものであることは明らかである。要するに、こうした欲動の満足は、一方では快を、他方では不快をもたらすのである。すると抑圧の条件となるのは、不快の動機が、満足の快感よりも強い力を獲得することである。

さらに転移神経症の精神分析の経験から明らかになることは、抑圧は人間にとって原初的に存在している防衛メカニズムではないこと、意識的な心の活動と無意識的な心の活動の明確な分離が行われる以前には、抑圧は存在しえないこと、抑圧の本質は、ひたすら意識されることを拒否し、それを遠ざけることにあるということである。抑圧についてこのように理解するにあたっては、いくつかの補足が必要であろう。すなわち、心の体制において抑圧が行われる以前の段階においては、反対物への転化、自己自身への方向転換など、欲動の他の〈運命〉が、欲動の動きの防衛という課題を達成していると想定されるのである。

ここで考えられることは、抑圧と無意識的なものは著しく相関的なものであり、心的な審級の傾向の構築と無意識と意識の差異化についてさらに知識を深めるまでは、抑圧の本質についての考察を進めるのは差し控える必要があるということである。それまでは、すでに述べたことの繰り返しになるかもしれないが、臨床によって観察された抑圧のいくつかの特徴について、純粋に記述的な方法で述べるにとどめよう。

抑圧の二つの段階

われわれには、原抑圧というものが存在すると想定する根拠がある。この抑圧の第一段階では、欲動の心的な〔表象〕代理が意識のうちに入り込むことを拒むのである。原抑圧によって固着が発生する。その代理はその時から変化せずに存続し、欲動はそれに結びついたままとなる。これは、いずれ検討する無意識的なプロセスの特性によって発生するのである。

抑圧の第二段階が本来の抑圧である。これは抑圧された表象代理の心的派生物に向けられる抑圧であり、別の場所で発生し、連想によってこうした表象代理と結びつくようになった思考傾向に向けられる抑圧である。このような結びつきのために、この表象は、原抑圧を受けたものと同じ〈運命〉をたどる。したがって本来の抑圧とは、〈事後的な抑圧〉なのである。ただし意識されたものから抑圧されるべきものに向かって作用する〈反発力〉だけを強調するのは誤りである。原抑圧を受けたものが、それと結びつく可能性のあるすべてのものに対して行使する〈引力〉も考慮にいれる必要がある。この反発力と引力の二つの力がともに作用しなければ、あるいはあらかじめ抑圧されたものが存在し、これが意識から反発されたものを受け入れる用意をしていなければ、抑圧の動きはその意図を貫徹することはできないであろう。

抑圧の働き

神経症によって抑圧の重要な機能が明らかになったのであるが、そのために神経症の心理学的な内容が過大に評価される傾向がある。このため、欲動の代理物が無意識の中に存続し、みずから組織的に働いて派生物を構築し、さらに結びつきを形成することを、抑圧が妨げないということを忘れがちである。実際には抑圧は、心的な体系、意識の体系との結びつきを妨げるだけなのである。

さらに精神分析によって、神経症における抑圧の効果を理解するために重要な別の知識がえられる。たとえば、欲動の代理物が抑圧によって意識の影響を受けない場合には、欲動の代理物は妨げられずに、豊富な内容をもつものに発展する。いわば闇の中で繁殖して、極端な表現形態を取るのである。これを〈翻訳〉して患者本人に示すと、神経症の患者はこれを見知らぬものと思うだけではなく、欲動の異様で危険な強さを示す像として受け取り、これに怯えるのである。この欲動の見掛けの強さは、欲動の代理物が空想の中で制御されずに成長し、満足が与えられなかったために累積的な効果を発揮することによるものである。この累積的な効果が抑圧と結びついていることは、抑圧の本来の意味のありかを示唆するものである。

抑圧の派生物

しかし抑圧の反対の側面に戻ると、原抑圧されたすべての派生物が、抑圧によって意識から遠ざけられると考えるべきではないことに留意する必要がある。こうした派生物は、歪曲されるか、多数の中間的な媒介を挿入することによって、抑圧された代理物から非常にかけ離れたものとなることがあり、その場合には意識に自由に立ち入ることができる。派生物に対する意識の抵抗の強さは、最初に抑圧されたものから派生物がどの程度まで離れているかに応じて異なるようである。

われわれは精神分析の技法を駆使することによって、抑圧されたもののこうした派生物を作り出すよう、患者に絶えず促すのである。こうした派生物は、欲動の代理物とはかけ離れているか、歪曲されているために、意識の検閲を通過することができるのである。われわれは患者に対して、いかなる目的をもった意識的な活動や批判もなしに、思いつくままを語ることを求めるのであり（派生物とはこうした思いつきにほかならない）、われわれはこれに基づいて、抑圧された代理物を意識に〈翻訳〉するのである。

患者はこうした一連の思いつきの連鎖を紡ぎつづけるが、もしも患者が、抑圧されたものとの関係があらわになるようなものに直面すると、ふたたび抑圧の試みを繰り返さざるをえなくなることが観察される。神経症の症状も、この条件を満たしていると考えられる。こうした症状は抑圧されたものの派生物であり、症状を形成することによって、それまで立ち入りを拒まれていた意識に入ることができるようになったのである。

意識の抵抗が除去されるには抑圧されたものがどの程度まで歪曲され、欲動の代理物からかけ離れたものとなればよいかという問題は、一般的な形で答えることはできない。その際には緻密な計算が行われるのであり、その仕組みは不明である。しかし意識の抵抗の働き方は推測することができる。無意識の備給が満足を超えるような一定の強度に到達する以前に、備給を停止させるのである。このように、抑圧はきわめて個別的に機能するものであり、抑圧されたもののそれぞれの派生物は、特別な〈運命〉をたどることができる。歪曲するのがわずかでも多すぎたり、少なすぎたりすると、まったく異なる結果をもたらす。

人間は自分がとくに好む対象を〈理想化〉するが、これも人間がとくに嫌悪するものの知覚や体験と同じ源泉から発生するものであり、本来はわずかな変化で区別されるにすぎないものであることは、このことから理解できる。フェティシズムの発生について検討した際に明らかになったことであるが、最初の欲動の代理物は二つの部分に分かれることがある。片方は抑圧されたままとなり、他方はその内的な結びつきによって、理想化の〈運命〉をたどるのである。

こうした歪曲のわずかな増減によってもたらされる結果は、心的な装置の〈他の末端〉における快と不快の発生の条件の変化によっても、生み出すことができる。人間は、心的な力の〈遊戯〉のこうした変化をもたらすことを目的として、特別な技法を開発してきた。これは、本来は不快をもたらすはずのものが、快をもたらすようにする技法である。こうした技法が作動し始めると、本来は拒否されていたはずの欲動の代理物の抑圧が除去されるのである。この技法は機知に関連して、詳細に研究されている。ただし原則として、抑圧は一時的に除去されるにすぎず、すぐにふたたび発動されるようになる。

抑圧の諸特性

この種の経験は豊富にあり、抑圧のさまざまな特性が明らかになる。すでに述べたように、抑圧は個別的であるだけでなく、高度に可動的でもある。抑圧プロセスは、持続的な結果を伴う一回限りの出来事と考えてはならない。これは人間がある生物を叩きつぶすと、それが原因でその生物が死んでしまうような出来事ではないのである。抑圧は持続的な力の消費を必要とするプロセスであり、こうした力の消費なしでは、抑圧は成功しないのであり、そのために新たに別の抑圧行為が必要となる。抑圧されたものは、意識に向かって持続的な圧力を及ぼすのであり、この圧力とバランスを取るために、連続的に反対向きの圧力が必要とされることを銘記すべきである。

このように抑圧を維持するためには、継続的な力の支出が必要である。経済論的な観点からは、抑圧をなくすと節約が可能となる。抑圧の可動性は、睡眠状態の心理的な性格にも表現されており、夢を形成することができるのは、睡眠状態においてだけである。目が覚めると、それまで撤収されていた抑圧のための備給がふたたび送り出される。

抑圧のエネルギー

最後に、ある欲動の動きが抑圧されたものであることを確認しても、それは欲動の動きについての十分な説明ではないことを忘れてはならない。欲動の動きは抑圧とはかかわりなく、非常に多様な状況において存在しうるのである。不活性な状態にあり、心的なエネルギーからごくわずかしか備給を受けていない場合もあれば、さまざまな量の備給を受けていて、活性化されている場合もある。欲動の動きが活性化しても、これが抑圧を直接に除去するという結果にはならず、すべてのプロセスを呼び覚まし、これによって回り道をして意識に入り込むという結末になろう。

抑圧されていない無意識の派生物の場合は、この活性化や備給の大きさが、個々の表象の〈運命〉を決定することが多い。派生物がわずかなエネルギーしか代理しない場合には、その内容が意識において支配的なものとのあいだで葛藤を引き起こすような性格のものであっても、こうした派生物が抑圧されないことは、日常的によくあることである。葛藤を起こすかどうかを決定するのは、量という要因である。基本的に葛藤を引き起こすような表象の強さが一定の水準を上回ると、葛藤が現実のものとなり、活性化が抑圧を引き起こす。このように抑圧に関しては、エネルギー備給が増大することは、無意識に近づくことと同じ効果を持ち、エネルギー備給が減少することは、無意識から離れるか歪曲するのと同じ効果をもつ。抑圧傾向は、不快なものを弱めることにおいて、抑圧の代償をみいだしていることが分かるのである。

情動量

これまでは欲動の代理物の抑圧を検討してきたが、欲動の代理物とは、欲動から来る一定の心的エネルギー（リビドーまたは関心）によって備給を受けている表象または表象群であると考えられてきた。しかし臨床での観察に基づいて、これまで単一の存在として考えてきたものを、分割して考える必要がある。表象のほかに、欲動を代理する別の要素があり、この別の要素は、表象の〈運命〉とはまったく異なる抑圧の〈運命〉をたどる可能性があることが明らかになっているからである。この心的代理の別の要素は、情動量と呼ばれている。これは表象と分離した欲動で、その量に応じて情動として感受されるプロセスにおいて表現される。これからは抑圧の事例について述べる場合には、抑圧によって表象から生まれるものと、これに固着した欲動エネルギーから生まれるものを区別する必要がある。

欲動の代理物の運命

この二つの〈運命〉について一般的に考察しておこう。そのためには、いくつかの方向づけが必要となろう。欲動を代理する表象の一般的な〈運命〉は、その表象がそれ以前に意識されていたものであれば意識から消し去られることであり、意識化されようとする段階にある場合には、意識から遠ざけられるということであろう。この相違はもはや重要なものではない。わたしが自分の嫌いな客を居間から追い出そうと、控えの間から追い出そうと、あるいはその客に気づいた段階で、家の敷居を跨がせないようにしようと、結局は同じことだからである。[*1]

精神分析によってえられた経験から大ざっぱに言えば、欲動の代理物の量的因子の〈運命〉には三種類ある。欲動は完全に抑圧されて、その痕跡もみつからなくなるか、なんらかの質的な色彩をおびた感情として現れるか、不安に転化するかである。後の二つの場合には、欲動の心的なエネルギーは何らかの情動に転換されることになるが、その際に、とくに新しい欲動の〈運命〉として、不安に転化する場合について検討することが必要となる。

抑圧の動機と意図は、不快なものを避けることにあったことを想起しよう。このため、欲動の代理物の情動量の〈運命〉は、表象の〈運命〉よりもはるかに重要であり、これが抑圧プロセスの評価に決定的な意味をもつことになる。抑圧によって、不快な感情または不安の発生を避けることができない場合には、抑圧の表象の部分的な目標が達成されていたとしても、抑圧は失敗に終わったと言わざるをえない。成功した抑圧よりも、失敗に終わった抑圧のほうがわれわれの興味を引くのは当然のことである。成功した抑圧は、われわれの研究の対象となりえないからである。

抑圧のメカニズム

ここで、抑圧プロセスのメカニズムについて検討したい。まずわれわれが知りたいのは、抑圧のメカニズムはただ一つだけなのか、それとも複数のメカニズムが存在するのかということであり、それぞれの神経症には、特徴となる固有の抑圧メカニズムが存在するのかということである。しかしこの問題を研究しようとすると、複雑な問題に直面することになる。抑圧のメカニズムというものは、抑圧の結果から逆に推論することによってしか研究できない。

欲動の代理物の表象部分の結果だけを観察すると、抑圧が原則的に代理形成を行うものであることが分かる。それでは、こうした代理形成のメカニズムはどのようなものだろうか、あるいはこれに関しても、複数のメカニズムを区別する必要があるのだろうか。また、抑圧は症状を残すことも確認されている。それでは代理形成と症状の形成は一致すると考えることができるのだろうか、そして一般にこれが確認できるとすると、症状形成のメカニズムは抑圧のメカニズムと同一のものであろうか。

暫定的な結論としては、この二つのメカニズムはまったく異なるものであり、代理形成と症状を作り出すものは抑圧そのものではなく、代理形成や症状は抑圧されたものの回帰の指標として、まったく異なる発生プロセスをそなえたものであると考えられる。また、代理形成と症状形成のメカニズムを、抑圧のメカニズムよりも先に検討することが望ましいようである。

暫定的な結論

ここでこれ以上の思弁的な考察をしても無益であり、個々の神経症において観察される抑圧の結果を慎重に分析する必要がある。意識と無意識の関係について信頼できる構想を築き上げるまでは、この作業も延期することにしたい。しかしこれまでの説明が無益なものとならないように、あらかじめ次の点だけを指摘しておきたい。第一は、抑圧のメカニズムは、代理形成の一つまたは複数のメカニズムと一致しないものである。第二に、さまざまなメカニズムが存在する。第三に、抑圧メカニズムには少なくとも一つは共通の特徴がある。すなわちその際にエネルギー備給の撤収が、あるいは性欲動の場合はリビドーの撤収が行われるのである。

不安ヒステリーと抑圧

これまでよく知られている三種類の神経症の症例に限って、ここで取り上げた概念が抑圧の研究にどのように利用できるかを、実例で示すことにしたい。不安ヒステリーについては、十分に分析された動物恐怖症の症例を取り上げよう。抑圧の背景にある欲動の動きは、父親に対するリビドー的な姿勢と、父親への不安とが組み合わされたものである。この興奮は抑圧されて意識から消え、父親はリビドーの対象としては意識の中に現れない。その代理として、なんらかの意味で不安の対象となるにふさわしい動物が父親に相当する位置を占めたのである。

欲動の代理物の表象部分の代理形成は、一定の方法で決定された結びつきの連鎖に沿って、置き換えの方法で行われる。量的な部分は消えていないが、不安に転換される。その結果、父親に対する愛の要求の代わりに、狼に対する不安が生まれる。もちろん、ここで使用した基本的な概念は、神経症のもっとも簡単な症例を説明するにも、不十分なものである。つねに異なる観点を考慮にいれる必要がある。

動物恐怖症の症例のような抑圧は、根本的に失敗した抑圧と呼ぶことができる。抑圧の作業は、表象を除去し、置き換えただけであり、不快の軽減にはまったく成功していない。このため、神経症の働きは停止せず、もっと重要な身近な目標を達成するために、次の段階までつづけられる。そして次に来るのは逃避の試みであり、真の恐怖症が形成され、不安の放出を防ぐために、いくつかの回避の試みが行われる。恐怖症《フォビア》がどのようなメカニズムによってその目標を達成するかは、特殊な症例を検討することによって理解することができる。

転換ヒステリーと抑圧

真性の転換ヒステリーの病像を検討するためには、抑圧プロセスをまったく別の見地から評価する必要がある。ここでは、情動量を完全に消滅させることができるという大きな特徴がみられる。患者は自分の症状に対して、シャルコーが「ヒステリーのうるわしき無関心」と呼んだ態度を示す。この禁圧がそれほど完全に行われないこともあり、症状そのものが苦痛な感覚を伴ったり、ある程度の不安の解発が避けられず、それが恐怖症《フォビア》の形成メカニズムを作動させたりすることがある。

欲動の代理物の表象の内容は、基本的に意識から遠ざけられている。そして代理形成として、同時に症状形成として、過度の刺激伝達が行われる（典型的な症例では身体的な刺激伝達となる）。これは感覚性の性質をもつことも、運動性の性質をもつこともあり、興奮または制止として現れる。さらに詳細に調査すると、過度の刺激伝達が行われた部位は、抑圧された欲動の代理物そのものの一部であり、濃縮されたかのように、全体の備給がこの部位に集中されるのである。もちろんこの説明は、転換ヒステリーのメカニズムの全体を明らかにするものではない。特に退行の契機を追加する必要があるが、これは別の文脈において評価する必要がある。

ヒステリーは、豊富な代理形成によらなければ抑圧できないものであり、完全に失敗に終わった抑圧と考えることができる。しかし抑圧の本来の目的である情動量の軽減という意味では、ヒステリーは原則として完全に成功しているのである。その場合は転換ヒステリーの抑圧プロセスは、症状の形成で終了し、不安ヒステリーの場合のように、第二段階にまで（あるいは実際のところ限りなく）進む必要はなくなるのである。

強迫神経症と抑圧

しかし第三の疾患、すなわちここで比較のために提示する強迫神経症においては、抑圧はまったく異なる外見を呈する。この疾患で問題となるのは、抑圧を受けている欲動の代理物が何であるか、すなわちリビドー的な傾向なのか、それとも敵対的な傾向なのかということである。強迫神経症は、退行を基礎とするものであり、この退行のために情愛的な傾向の代わりにサディズム的な傾向が登場しているため、このような問題が生じるのである。

愛する人物に向けられたこの敵対的な衝動が、抑圧の対象となる。このため、抑圧の第一段階の効果は、その後の段階の効果とはまったく異なったものとなる。最初は抑圧の仕事は完全な成功を収め、表象内容は拒絶され、情動は消滅する。代理形成として自我の変化、たとえば良心の高まりが現れるが、これは症状と呼ぶことはできない。ここでは代理形成と症状形成は一致していない。ここから、抑圧のメカニズムについて学ぶことができる。

抑圧は他の場合と同じように、リビドーの撤収をもたらしたが、そのためにみずからの反対物を強化するという反動形成の方法を利用している。この場合は、代理形成は、抑圧と同じメカニズムを使用しているのであり、基本的に抑圧と一致している。しかし一方で代理形成は、症状形成とは時間的にも概念的にも別のものになっている。アンビヴァレンツ関係によって、この全体のプロセスが可能になっているのであり、この関係のうちに、抑圧されるべきサディズム的な衝動が導入されていることは、十分に考えられることである。

最初は成功していた抑圧も長続きせず、時とともに抑圧が失敗する可能性がますます高くなる。反動形成によって抑圧を可能にしていたアンビヴァレンツは、抑圧されたものが再現される場所でもある。消滅していた情動は、社会的な不安、良心の不安、仮借のない非難などに変化してふたたび現れ、拒絶されていた表象は置き換えによる代理物の働きで、多くの場合は些細なことや無関心に置き換えられて代理される。さらに抑圧された表象をそのままの形で作り出そうとする傾向も明瞭にみられることが多い。

量的で情動的な因子の抑圧が失敗すると、ヒステリー性の恐怖症《フォビア》で確認した回避と禁止による逃避と同じメカニズムが働くことになる。しかし意識は表象を頑固に拒絶しつづける。これによって、行為を抑止できるし、衝動の運動性を拘束できるようになるからである。このように強迫神経症においては、抑圧の仕事は終わりのない無益な営みとなるのである。

結語

ここで取り上げたわずかな数の症例の比較からも、抑圧と神経症的な症状形成にかかわるプロセスを理解するためには、さらに包括的な研究が必要であることを確信できる。考慮すべきすべての要因が異様なほど複雑に絡み合っているので、こうした要因を提示する方法は一つしか残されていない。さまざまな観点を選択しながら、採用した観点によってなんらかの成果がえられると思われる限り、その観点から資料を検討して行くのである。このような考察はそれだけでは不完全なものとならざるをえないし、これまで検討されたことのない資料を取り上げる際には、不明確な点が残されるのもやむをえない。しかし最終的な総括においては十分な理解がえられるようになると期待できる。

原注

＊1　欲動プロセスに使用できるこの類比を拡張すると、すでに述べた抑圧の性格にも適用することができる。追い出した客が無理やり入り込んでこないように、つねに番人に戸口を見張らせておく必要があるとだけつけ加えておこう（前記の箇所［本書八八～八九ページ］を参照されたい）。

無意識について（一九一五年）

抑圧されたものと無意識なもの

わたしたちは精神分析の経験から、抑圧のプロセスの本質は、欲動を代理する表象を破棄したり、破壊したりすることにあるのではなく、それを無意識のうちに保持することにあることを確認した。そこでこうした欲動を代理する表象は「無意識」の状態にあると呼ぶのであるが、このような状態にあっても表象は意識されないままで働きを及ぼすことができ、やがては意識に到達することができるという適切な証拠を示す必要がある。

抑圧されたものはすべて無意識の状態において存在しなければならないが、わたしたちは意識されないものがすべて抑圧されたものであるとは限らないことをはじめに指摘しておきたいのである。無意識なもののほうが範囲が広いのであり、抑圧されたものは無意識の一部を占めるにすぎない。

無意識の認識方法

わたしたちはどのようにすれば無意識を認識することができるのだろうか。無意識を認識するといっても、無意識を意識されたものとして認識することはできないのであり、無意識を意識に置き換えるか、翻訳しなければ、これを認識することはできない。精神分析の仕事はわたしたちに日々の経験のうちから、こうした翻訳が可能であることを教えてくれるのである。ただしそのためには被分析者が抵抗を克服しなければならない。この抵抗はかつて意識から無意識を締め出して抑圧したものと同じものなのである。

一　無意識についての弁明

無意識の存在証明

わたしたちは無意識の心というものが存在すると想定し、この想定に基づいて科学的な作業を進めているのであるが、この想定の正当性についてさまざまな方面から異議が出されている。これに対してわたしたちは、無意識の想定は必然的なものであり、正当なものであること、また無意識が存在することにはいくつもの証拠を示せることを詳細に提示することができる。

無意識が存在するという想定が必然的なものであることは、意識の示しているデータには多くの隙間があることからも明らかである。健常者にも疾患のある人にも頻繁にみられる次のような心的な現象については、意識にのぼらない別の働きを前提としなければ説明がつかない。たとえば健常者の失錯行為や夢がそうであり、精神に疾患のある人における心的な症状や強迫現象などはすべてそうである。

わたしたちの日頃の個人的な経験においても、それがどこから生まれたのか分からないことを思いつくことがあるし、どのようにして構築されたのか分からない思考の結果というものがある。これらは意識された行為であるが、もしもわたしたちの心的な働きはすべて意識を通じて経験しなければならないという要請にこだわった場合には、どうしても関連性が欠如した理解できないものとなってしまうだろう。そこに無意識の働きを想定して考えてみれば、それをはっきりとした関連性のうちに秩序づけることができるようになる。

このように無意識を想定することによって、あるものの意味と関連性が把握できるようになるのであれば、それはわたしたちが直接的な経験の領域から踏み出すための正当な動機となりうるものである。わたしたちがさらに進んで無意識の存在を想定することによって、何らかの有益な行為を行うことができ、それによって意識のプロセスの流れを目的に適った形で変えることができれば、そのことは無意識が存在することの明白な証拠になるだろう。そうなれば心のうちで起きているすべてのことが意識によっても知られていなければならないという主張は、根拠のない僭越な主張であるとみなさなければならなくなるだろう。

無意識の豊かさ

議論をさらに進めて無意識の心的な状態が存在するという主張を裏づけるために、次の事実を指摘することができる。すなわち意識というものはどの瞬間においてもごくわずかな内容しか含むことができず、しかもそのうちでわたしたちが意識された知識と呼んでいるものの大部分は、長い期間にわたって潜在的な状態のうちに、すなわち心的な無意識の状態のうちにあるのである。わたしたちには潜在的な記憶というものが存在するのであり、このことを考えてみれば、無意識を否定するあらゆる反対論は理解できないものとなってしまうだろう。

ここで異論が出されるかもしれない。このような潜在的な記憶というものは、もはや心的なものと呼ぶことはできず、身体的なプロセスの残滓のようなものであって、そこから心的なものがふたたび呼び覚まされるのだ、と指摘されるかもしれない。しかしこの異論に反駁するのはたやすいことである。この異論とは反対に潜在的な記憶というものは、［身体的なプロセスの残滓ではなく］心的なプロセスの残滓であることに疑問の余地はないのである。

それよりもさらに重要なのは、こうした異論においては、明確に主張されることはないものの、最初から意識と心的なものが同じものであるとみなされているということである。意識と心的なものを同じものであると考えるのは、すべての心的なものは意識されていなければならないことを前提とすることによって、論点先取の誤謬に陥っているものであるか、あるいは名前のつけ方にこだわるただの因習に従ったものにすぎないのである。

それが因習に従ったものであるならば、因習に反論するのは無益であるから、これに反論することはできない。そこで問題になるのはこうした因習に従うことが目的に適っているかどうかということだけである。ところが因習に従って心的なものと意識を同じものと考えることは、まったく目的にそぐわない。このように考えるならば、心的な連続性というものは断ち切られてしまい、心身平行論という解決することのできない困難な難問の中に落ち込んでしまう。そして明確な根拠なしに意識の役割を過大評価しているという非難から逃れることができなくなり、こうしてわたしたちは心理学的な研究の領域を時期尚早に立ち去らなければならなくなる。そしてこれを償うものを他の領域において獲得することはできないのである。

無意識の存在を否定する議論

心的な生において潜在的な状態というものがあることは否定できないことであり、それを無意識の心的な状態とみなすか身体的な状態とみなすかは、言葉の争いになってしまいかねないのは明らかである。そこでこの潜在的な状態について確実に知られていることに焦点を当てることが望ましいだろう。

　ところでこの潜在的な状態の身体的な性質についてはまったく理解することができない。どのような生理学的な観念によっても、化学的なプロセスによっても、その本質についてはいかなる着想も与えられないのである。ところがこの潜在的な状態は、意識的な心的プロセスとは多くの点で接触しているのであり、何らかの操作を加えることによって、この潜在的な状態を意識的な心的プロセスによって代替して転換することができる。さらに意識的な心的働きに使われるあらゆるカテゴリー、すなわち表象、欲求、決心などの概念によってこの状態を記述することができるのである。

　実際に多くの潜在的な状態と意識的な状態の違いは、潜在的な状態は意識されないということにあるだけである。そこでわたしたちとしてはこうした状態を心理学的な研究の対象とみなすことを、そしてそれを意識的な心の行為と密接に関連させて取り扱うことを、いささかもためらうべきではないのである。

　潜在的な心の行為に心的な性格があることが頑ななまでに拒否されているのは、対象とされる現象の多くが、精神分析以外の分野では研究の対象とされていなかったことによるものである。病理学的な事実について詳しくない人や、普通の人が犯す失錯行為を偶然とみなす人、あるいは夢は泡沫《うたかた》であるという昔からの知識で満足している人などは、意識の心理学にみられるいくつかの謎をそのまま放置しておけば、無意識の心的な活動をまったく認めないでもすむのである。しかし精神分析が始まる前の時代にも、催眠術の実験によって、とくに後催眠暗示の実験によって、心の無意識の存在とその作動様式はすでに明確に示されていたのである。

他者の意識についての想定

ところが無意識が存在するという想定は、それまで正しいとされていた慣習的な思考方法から逸脱せずに主張されたものであって、まったく正当なものである。意識がわたしたちにそのたびに伝えているのは、たんに自分の心の状態にすぎない。他の人が意識を持っているということは、その他人が行う表現と行為についてわたしたちが知覚しうるものを基礎として類推することのできる推論である。そうすることで他人の行動が理解しうるものとなるのである。これは心理学的には次のように述べるほうが正確であろう。すなわち、わたしたちは別に深く考えることもなく、自分自身の素質や意識が他人にもあると考えるのであり、わたしたちの「他者」理解の前提となっているのはこの同一視なのである。

この推論は、あるいは正確にはこの同一視は、かつては自我から他人に、動物や植物に、無生物に、そしてやがては世界全体に広げられたのであり、それらの他なるものがわたしたちの自我とそっくりなものである限りは有益なものであったが、自我との違いが大きくなるにつれて、信頼できないものとなったのである。

わたしたちは現代では批判的な姿勢を取っており、動物が意識を持つかどうかについてはもはや確信をもてなくなっているだけでなく、植物に意識があることには反対しているし、無生物に意識があると考えるのは神秘主義だとみなしているのである。しかしこうした根源的な同一視の傾向が批判に耐えることができたとしても、そしてわたしたちにもっとも近い他者としての人間にこのような同一視を行うことができたとしても、他者が意識をもつという想定は一つの推論に基づくものであって、自分自身の意識の場合とは違って、直接的な確実性をそなえたものではないのである。

精神分析が要求していることは、他者の意識についてのこの推論の方法を、自分自身に向けることだけである（わたしたちにはそのようなことをする傾向はもともとはそなわっていなかったとしてもである）。そうすれば次のように言わなければならないことが明らかになろう。すなわちわたしが自分自身のものであることに気づいていても、それを自分のその他の心的な生と結びつけることのできない行為や表現はすべて、他者に属するものであるかのように判断しなければならず、他者のものである心的な生によって説明されるべきである。

これまでの経験が教えているのは、わたしたちは自分自身の心のうちに存在することを認めたがらない行為であっても、他人の場合にはきわめて巧みに解釈することができ、その人の心の全体のうちに組み込むことができるということである。わたしたちの探求精神はここでは明らかに特殊な妨害の働きを受けているのであり、自分自身から目を逸らし、正しく認識できなくなっているのである。

「第二の意識」の理論と三つの異論

このように内面の抵抗はあるものの、推論の方法を自分自身に向けることによって、無意識を発見するよりもむしろ、自分のうちに第二の意識が存在することを想定するようになる。この第二の意識は、わたしという人物のうちで、わたしがよく知っている意識と結びついて一体となっているのである。

しかしこのように考えると、わたしたちのそうした批判的な姿勢にも、いくつか正当な異論が提起されるようになるだろう。まず第一に、その第二の意識というものは、その意識をもっている本人が知らない意識であり、しかも他人のもっている意識とは異なるものである。この第二の意識は、意識されるという重要な性質が欠けているものであり、それはそもそも意識として議論する価値があるかどうか疑問であるという異論が提起されるだろう。意識しない心的なものという想定に反対した人は、その代わりに無意識的な意識という概念が提起されたところで、それに満足することはできないだろう。

第二に、精神分析の教えるところでは、わたしたちの想定している個々の潜在的な心的な出来事は、たがいに結びついておらず、たがいに何も知らないかのように、きわめて独立したものである。そのように考えていくとわたしたちは第二の意識だけではなく、第三の意識や第四の意識を認めなければならなくなるだろうし、やがてはたがいに関連のない意識が無限の系列をなすことを認めなければならなくなるだろう。それらは全体としてはわたしたちにとって未知なものであり、それらの意識がたがいにまったく知らないという事態になることも、覚悟しておかねばならないだろう。

第三に、そしてもっとも難しい問題点として挙げられるのは、精神分析の研究によって明らかになったことは、この潜在的なプロセスの一部は、とうてい信じることのできないような性格と特性をそなえていて、意識について知られている特徴とは正面から矛盾しているということである。そこでわたしたちは自己に向けられていた推論のもつ帰結についての考えを改めて、こうした推論はわたしたちのうちに第二の意識があることを示すものではなく、意識というものを無しですますことのできるような心的な行為が存在することを示すものだと考えざるをえなくなるのである。それを「下意識」と呼ぶのは不正確で誤解されやすいものとなるから却下してもよいだろう。有名な「二重意識」(意識の分裂)の症例も、わたしたちの見解に対する反証になるものではない。これらの症例では、心の活動が二つのグループに分割されているが、意識は一つであって、それがあるときは片方のグループに、また別のときには別のグループに交互に向けられていると説明するのがもっとも適切だろう。

外界の知覚と内界の知覚

このようにして精神分析にとっては、心のプロセスをそれ自体で無意識のものとみなし、感覚器官が外界の世界を知覚するのと同じように、意識はこうした心のプロセスを知覚すると考えるしかないのである。そしてわたしたちはこの比較から認識に役立つ成果を手に入れたいと考えているのである。

精神分析においては無意識的な心の活動が存在すると想定するのであるが、これは原始的なアニミズムの考え方を受け継いだものであるかのようにみえる。アニミズムはわたしたちの意識の似姿を、いたるところにみいだす。またこれは他方ではカントがわたしたちの外界の知覚についての解釈において企てた修正を引き継ぐもののようにもみえる。カントは、人間の知覚が主観的に条件づけられたものであって、わたしたちが知覚するものを、わたしたちにとっては認識することのできない対象と同じものとみなしてはならないと警告したのである。

精神分析もまた意識の知覚したものと、その対象である無意識的な心的プロセスを同じものとみなさないように戒めているのである。自然の対象と同じように、心的なものも現実にはわたしたちにみえるとおりのものであるとは限らない。しかしわたしたちには、内的な知覚を訂正するのは、外的な知覚を訂正するほど困難なものではなく、内的な対象は外界よりも認識するのが困難ではないことが分かれば、それで十分なのである。

二　無意識の多義性と局所論的な観点

用語についての注意

議論を進める前に、重要でありながらなかなか厄介な事実を確認しておこう。すなわち無意識というものは心的なものの一つの指標のようなものにすぎず、心的なものの性格づけとしては不十分なものであるということである。というのも無意識であるという点では共通しているが、その価値がきわめて異なる心的な行為が存在するからである。無意識には一方では、たしかに潜在的で、さしあたりは意識されていないものの、その他の点では意識されたものとまったく変わらない行為が含まれる。また他方では無意識のうちに含まれる抑圧されたプロセスには、それが意識された場合には、意識されたその他のものとははなはだしく異なったものとして際立つものも含まれるのである。

わたしたちはこれからさまざまな心的な行為について記述していくが、その際にそれが意識されているかどうかによって区別するのではなく、たんにその心的な行為が、その欲動および目標とどのように関係するか、また階層的に構築された上位の心的な体系に対して、その心的な行為が、どのような関係と所属のもとにあるかに基づいて分類するならば、あらゆる誤解を防ぐことができよう。しかしこれはさまざまな理由から実現不可能なことであるし、次のような両義性を防ぐことができない。というのはわたしたちは意識と無意識という言葉を、ある時は記述的な意味で使い、またある時は体系的な意味において、すなわちある体系への所属を意味したり、ある特性を持った能力という意味で使ったりするからである。

このような混乱を避けるために、意識されているかどうかとはかかわりなく、識別されたそれらの心的な体系に何らかの名前をつけておくこともできるだろう。しかしそのためにはその前に、それらの体系をどのように区別するかという論拠を明らかにしておかなければならないだろうが、その際に意識されたものという目印を使うことは避けられないだろう。それはわたしたちの研究のそもそもの出発点だったからである。

そこで次のような方法を提案することはいくらか手助けにはなるだろう。すなわち議論にあたって意識をBwと書き記し、無意識を同じような略し方でUbwと書き記して、これらの記号を体系的な意味で用いることにしよう。

検閲の役割

これを肯定的な表現で言い表せば、精神分析の結果からみて、心的な行為は二つの一般的な状態の相を通過するのであり、その相のあいだには一種の検査（検閲）を実行する部分が存在している。第一の相は無意識Ubwの体系に属するものであり、ここでは心的な行為は意識されない。こうした心的な行為が検閲を通過できない場合には、第二の相に移行することは拒まれる。それは「抑圧された」のであって無意識のままに留まることになる。

ただしこれも、検査に合格したならば第二の相に入ることができ、わたしたちが意識Bw系と呼んでいる第二の体系に所属することになる。ただしこの体系に所属することになっても、意識とこの心的行為の関係はまだ明確に決定されたわけではない。それは今のところは意識されていないが、意識されうる（J・ブロイアーの表現）状態になっている。すなわち何らかの条件がそなわっていれば、特別な抵抗なしで意識の対象となることができる。このような意識されうる状態を考慮に入れてわたしたちは意識Bwの体系を「前意識」とも呼ぶ。このような前意識が意識されるかどうかは検閲によって決定されるのであり、このことをとくに強調する場合には、前意識Vbwの体系と意識Bwの体系をさらに明確に区別することが必要となろう。ただしここでは前意識Vbwの体系は意識Bwの体系と共通の特性をそなえていること、無意識Ubwから前意識Vbwあるいは意識Bwの体系に移行する際には、厳しい検閲が行われることを確認しておけば十分であろう。

局所論の登場

これらの二つまたは三つの心的な体系の存在を想定することによって、精神分析は記述的な意識心理学から一歩だけ距離をとって、新しい問題提起と新しい内容を獲得するようになったのである。これまで精神分析が心理学と異なるところは、主として心的なプロセスについて力動論的な見解を採用しているところにあったが、今ではこれに加えて精神分析は心的な局所論を考慮に入れるようになった。ある任意の心的な行為について、それがどのような体系の中で行われているのか、あるいはどの体系とどの体系のあいだで行われているのかを明らかにすることが試みられるようになったのである。このような営みのために精神分析はさらに深層心理学とも呼ばれるようになった。精神分析にはまだ別の観点があって、これによって考察を深めることができるのであるが、それはいずれ検討することにしよう。

わたしたちが心的な行為の局所論について真剣に検討しようとするのであれば、次の疑問を考察しなければならない。ある心的行為が（ここでは表象の性質をもった心的行為に限定することにしよう）、無意識Ubw系から出て意識Bw系あるいは前意識Vbw系へと移行すると考えるのであれば、次のことが問題になる。すなわちその心的行為が移行するとともに新たな形で固着し、その表象の二回目の〈記載〉が行われるのだろうか、そしてそれによってその表象は新しい心的な場所に所属するようになるとともに、そうした新しい〈記載〉と併存して、もともとの無意識における「記載」は残りつづけるのだろうか、それともこうした移行は、同じ心的な場所において同じ素材の状態が変化するものなのであろうか。

この問題は難解なものと思われるかもしれないが、わたしたちが心的な局所論について、深層心理の次元について明確な構想を獲得しようとすれば、避けて通ることはできない。この問題は純粋に心理学的な問題の領域を越えて、心の装置と解剖学との関係に触れるものであるため、困難なものとなっている。ごく概略を言えばわたしたちは、そのような関係が存在することを知っているのである。

これまでの研究によって、心の活動は脳の機能に結びついているのであり、その他の器官とは関係がないことは確認されている。わたしたちがさらに研究を進めるならば（どこまで研究を広げることになるかは明らかではないが）、脳のさまざまな部位は同じような働きをするのではなく、それぞれの部位は特定の身体の部位や心的な活動と、特別な関係を結んでいることが発見されることになろう。しかしこれに基づいて心的なプロセスの場所を特定しようとするあらゆる試みも、表象が神経細胞の中に蓄積されているのだと想定し、興奮が神経線維の上を移動すると想定する試みもすべて失敗に終わったのである。

意識Bw系すなわち意識された心の活動の解剖学的な場所を脳皮質のうちにみいだし、さらに無意識のプロセスを皮質の下の脳の部位にみいだそうとする理論も、同じような運命に出会うことになるだろう。ここに開かれている隙間は、今のところは埋めることができないものであり、それを埋めることは心理学の課題ではない。そしてわたしたちの心的な局所論は、さしあたりは解剖学とはまったく関係がない。心の装置の特定の領域を参照しているのであり、それが身体のどこかの場所に位置づけられるとしても、解剖学的な意味での局在性を参照しているわけではないのである。

二つの仮説

これに関してはわたしたちの研究は自由なものであり、必要に応じて前進することができる。さらにわたしたちの想定は、物事を分かりやすくすることだけを目指していることを指摘しておくのも、無駄ではあるまい。さてここで検討している二つの可能性の最初のものを考えてみよう。すなわち表象の意識Bwの相における記載は、ほかの場所にあったものが新たに記載されたものであるという想定は、明らかに粗雑なものではあるが、扱いやすいものである。第二の想定は表象の機能的な状態が変化しただけであると考えるものであり、これは真実らしいが、具象性に劣るし、扱いにくいものである。

第一の局所論的な想定は、無意識Ubw系と意識Bw系が局所論的に分離していると想定するものである。この想定はさらに一つの表象が心の装置の二つの場所に同時に存在するという可能性を認めるものであり、言い換えれば検閲によって阻止されない限り、表象はある場所から別の場所へといつでも移動することができ、しかも最初に固定化された場所での記載が失われないという可能性を認めるものである。これは不思議に思われるかもしれないが、精神分析の実践によってえられた印象に基づいたものなのである。

無意識の表象と意識された表象の違い

わたしがある患者に、その患者が以前に抑圧していた表象を、わたしがこのようなものではないかと推測して、それを伝えたとすると、最初のうちは患者の心的な状態にはいかなる変化もない。とくに患者の抑圧はつづけられるし、以前には意識されていなかった表象が意識されたのであるから、抑圧の結果である症状が改善するものと期待しても、そのような改善はみられないのである。それとは反対に患者はすでに抑圧していた表象を新たに拒否することになるのである。

ただしその時点で患者は実際に同じ表象を、心的な装置の二つの異なった場所において、二つの異なる形式において所有していることになる。患者はまずわたしの話を聞くことによって、表象の聴覚的な痕跡を意識的に想起することになる。さらにそれに加えて患者が、かつて経験したものの無意識における記憶を、前の形式のままで所有していることは、わたしたちには明らかなことである。実際に意識された表象が、抵抗を克服して無意識の記憶の痕跡と結びつくまでは抑圧は終わらないのである。この無意識の記憶を意識化させることによって初めて、治療の成果が生まれることになる。

表面的には、意識された表象と無意識の表象は、同じ内容のものでありながら異なった場所に違ったものとして記載されていることが証明できたと考えることができよう。しかしさらに深く考察してみると、患者のうちで抑圧されている記憶と、わたしが患者に話して聞かせた話が同じものであるというのは、みかけだけのものなのである。体験したものと聞いたものは、たとえ内容が同じであったとしても、心理学的な質からみるとまったく違うものなのである。

このようにしてわたしたちは、すでに述べた二つの可能性のどちらが正しいかをさしあたりは決めることができない。いずれはそのうちのどちらかを選択することができるようになるだろう。そしてわたしたちの問題の立て方が適切なものではなかったこと、無意識の表象と意識された表象の違いは、まったく別の観点から規定しなければならないことが発見されるようになるだろう。

三　無意識の感情

無意識的な欲動や感情の可能性

ここまではわたしたちは表象だけについて検討してきたが、ここで新しい問題を提起できるのであり、この問いを解決することによってわたしたちの理論的な見地をさらに明確に示すことができるようになるだろう。わたしたちは意識された表象と無意識の表象が存在すると指摘したのであるが、これと同じように無意識的な欲動の動きとか、無意識的な感情とか、無意識的な感覚というものも存在するのであろうか。あるいはこれらのものについては、無意識的なものが存在すると考えるのは意味のないことなのであろうか。

わたしとしては実際のところ、欲動については意識と無意識の対立はあてはまらないと考えている。欲動は決して意識の対象にはならないのである。意識の対象となりうるのは、欲動を代理している表象だけなのである。ただし欲動は無意識のうちにあっても表象によらずには代理されることができない。もしも欲動が表象に付随して示されなければ、あるいは一つの感情の状態として現れなければ、欲動については何も知ることができないであろう。だからわたしたちが無意識的な欲動の動きとか、抑圧された欲動の動きと語る時には、それは無害ではあるが怠慢な表現であるということになるだろう。そのような表現をする時にわたしたちが考えているのは、その欲動の動きを代理する表象が無意識的なものであるということだけなのである。

無意識的な感覚や感情や情動についての問いに答えるのも、同じようにたやすいことだと思う人がいるかもしれない。しかし感情が感知されるということ、すなわち意識によって捉えられるということは、感情にとっては本質的なことである。だから感情や感覚や情動が無意識的なものであるということは、まったく考えられないことである。しかしわたしたちは精神分析の実践において、無意識的な愛とか、憎しみとか、怒りなどについて語ることに慣れている。そして「無意識的な罪悪意識」のような奇妙な合成語を使ったり、「無意識の不安」のような逆説的な概念を使ったりするのも避けられないことなのである。これらの概念は、「無意識的な欲動」という表現よりも、もっと意味のあるものなのだろうか。

情動の運命

しかしこれらについては事情がまったく異なる。情動や感情の動きは知覚されるものであるが、その際に誤認されることもありうるのである。情動や感情の動きの本来の代理が抑圧されてしまうと、それらは別の表象と結びつかざるをえなくなってしまうが、その場合にはこれらは意識にとっては別の表象とみなされることになる。わたしたちが分析によってもともとの関連を正しく再建することができるならば、その場合にはもともとの情動の動きを「無意識の」情動の動きと呼ばねばならなくなる。ただしそれは、この情動が無意識であったわけではなく、情動の動きの表象が、抑圧に抵抗できなかっただけのことなのである。

わたしたちが「無意識の情動」とか「無意識の感情」のような表現を使うのは、一般に欲動の動きのうちの量的な要素が抑圧されたために情動がたどる運命を示すためである（これについては論文「抑圧」を参照されたい）。

わたしたちはこうした情動の運命には三通りのものがあることを知っている。情動はその全部または一部がそのまま存続するか、不安など、質的に異なった情動量に変化するか、あるいは抑え込まれてその発展が阻止されるようになるかのいずれかである(これらの三つの道については神経症の研究よりも夢の仕事についての研究において、容易に調べることができるだろう)。情動の発展を抑え込むことは抑圧の本来の目的であり、その目的が実現されない限り、抑圧の働きがやまないことはすでに明らかになっている。抑圧によって情動の発展を阻止することができた場合に、わたしたちはそうした情動を「無意識的な」情動と呼ぶのであり、わたしたちは分析において抑圧の仕事に手を加えることによって、そうした情動を回復させるのである。

このようにして言葉の使い方には一貫性を確保できるとしても、こうした無意識の情動には、無意識の表象とは大きな違いがある。無意識の表象は抑圧された後にも、無意識Ubw系において現実の形成物として存在しつづけているが、無意識Ubw系において無意識の情動に対応するのは、たんなる可能性の萌芽にすぎず、それが開花することはないかもしれないのである。言葉の使い方そのものに問題はないとしても、厳密に言えば無意識の表象と同じような意味での無意識の情動のようなものは存在しないのである。ただし無意識Ubw系において情動が形成されて、それが他のものと同じように意識化される可能性があることは考えられる。これらの違いは、すべて表象というものは、根本的には記憶の痕跡に対する備給であるのに対して、情動や感情というものは放出プロセスに対応して、その最終的な表出が感覚として知覚されるにすぎないことにある。わたしたちの現在の知識では、表象と情動や感情の違いをこれよりも明確に表現することはできない。

情動をめぐる意識系と無意識系の争い

抑圧によって、欲動の動きが情動の表現に転換されるのを阻止できることを確認しておくことは、わたしたちにとってはとくに興味深いことである。この事実が示していることは、意識Bw系は通常は情動性を支配するとともに、運動性への接近も支配しているということであり、抑圧することによって意識から情動を遠ざけるだけではなく、情動の発展や筋肉活動の発動も阻止できるということである。逆に表現するならば、意識Bw系が情動性と運動性を支配している限り、その人の心理状態は正常であると呼べるのである。ただし、たがいに近い関係にあるこれらの二つの放出行動に対して、それを支配する系がどのような関係にあるかには違いがあり、この違いは明確なものである。[*1]

随意運動に対する意識系の支配は確立されており、これが破綻するのは精神病になった場合だけであって、神経症からの攻撃には抵抗することができるのである。ただし情動の発展に対する意識Bw系の支配はそれほど確実なものではない。なお正常な生活においても心の内面において意識Bw系と無意識Ubw系の二つの系が、情動性の支配権を絶えず争っているのが確認されており、たがいの影響圏が決定され、そこで働く力の合成物が作り出されているのである。

意識Bw系や前意識Vbw系が情動の解発や行為への移行において重要な役割を果たしていることから、疾病の形成において代理表象が果たす役割も理解できるようになる。情動が直接に無意識Ubw系から発生することも可能ではあるが、その場合にはつねにその情動は不安という性格を帯びるのであり、すべての「抑圧された」情動が不安に変わるのである。ただし情動の動きは、意識Bw系においてその代理表象がみつかるまで、待機していなければならないことも多い。情動の発展はこのような意識された代理表象によって可能となるのであり、情動の質的な性格は、その代理表象の性質によって決まるのである。わたしたちはすでに、抑圧の際に情動がその表象と分離して、その後は情動とその表象がそれぞれ別の運命を辿ることを指摘してきた。そのことは記述的にみれば議論の余地のないものであるが、実際には情動が意識Bw系に入った後で、そこで新しい代理表象が作られない限り、情動は現れてこないものなのである。

四　抑圧の局所性と力動性

抑圧の過程について

わたしたちは抑圧が、本質的に無意識Ubw系と前意識Vbw系あるいは意識Bw系の境界にある表象に対して行われるプロセスであると結論したのであり、このプロセスについてさらに詳細に記述することを目指して、新しい試みを実行できるようになった。その際にとくに問題になるのは備給の撤収ということであり、どの系から撤収が行われるか、撤収された備給はどの系に所属するようになるかを問う必要がある。

抑圧された表象は、無意識Ubw系で行動する力を維持しているのであり、備給もまたそこに維持されているに違いない。だから撤収されたものはもっと別のものであるはずである。ここで本来の抑圧（すなわち事後的な抑圧）の場合を考えてみれば、これは前意識の表象に対する抑圧であるか、すでに意識化された表象に対する抑圧である。

その場合に抑圧が成立するのは、前意識Vbw系に属している（前）意識的な備給が、表象から撤収されることにあると考えるしかない。その場合にはその表象は、備給されないままとなるか、無意識Ubw系から備給を受けるか、以前からもっていた無意識Ubw系における備給をそのまま維持するかのいずれかであると考えられる。言い換えれば前意識的な備給が撤収されるか、無意識的な備給が維持されるか、前意識の備給が無意識の備給に置き換えられるかのいずれかである。いずれにしてもここで図らずも想定されているのは、無意識Ubw系から別の系への移行は、新たに何らかの記載が行われるのではなく、何らかの状態の変化が発生し、その際に備給が変動することによるものであるということである。ここでは機能的な仮説が、局所論的な仮説をたやすく押しのけてしまったのである。

リビドーの撤収に関わる問題

しかしこのようなリビドーの撤収のプロセスだけでは、抑圧の別の性格を十分に理解することができない。備給をそのまま維持している表象あるいは無意識Ubw系から備給を受け取った表象が、その備給の力によって、前意識Vbw系に入り込もうとする努力を再開しない理由が理解できないのである。そのようなことが起きれば、この表象からのリビドーの撤収が繰り返されることになり、このプロセスが無限に反復されることになる。このような事態が抑圧の結果であるとは考えられないのである。

同じように、ここで検討しているような前意識の備給の撤収のメカニズムによって原抑圧について記述しようとすると、それは失敗に終わるだろう。というのも原抑圧の場合に問題になるのは無意識の表象であるが、この無意識の表象は前意識Vbw系からはまったく備給を受け取っておらず、そのためこの表象から前意識からの備給が撤収されるということはありえないことだからである。

対抗備給

ここで第一の［事後的な抑圧の］プロセスの場合には抑圧を維持し、第二の［原抑圧の］プロセスの場合には抑圧の確立と維持の持続が実行されるような別のプロセスが存在しなければならないと考えられる。このようなプロセスは、対抗備給というものを仮定することによって初めて可能になる。対抗備給によって前意識Vbw系は、無意識の表象が侵入してきても保護されるのである。前意識Vbw系の中で営まれるこうした対抗備給がどのように表現されるかは臨床例について調べることができる。

対抗備給は、原抑圧による持続的な支出を代理するものであり、同時に原抑圧の耐久性を保証するものでもある。対抗備給とは、原抑圧の唯一のメカニズムであり、本来の抑圧においては、すなわち事後的な抑圧においては、前意識Vbw系における備給が撤収されるという事態がつけ加わる。表象から撤収されたこの備給が、対抗備給のために使われるということは、十分に考えられることである。

メタ心理学の方法

わたしたちは心的な現象を記述するにあたって、力動論的な見地と局所論的な見地の他に、第三の経済論的な見地を採用するようになってきた。この観点から、興奮量のたどる運命を追跡し、少なくともその相対的な評価を行おうとしている。精神分析による研究の成果として生まれたこのような考察方法について特別な名前を与えても、不当なことではないであろう。わたしとしては心的なプロセスを、力動論的、局所論的、経済論的な関係から記述するような方法は、メタ心理学的な記述と呼ぶことを提案する。ただし、わたしたちがこれまで獲得してきた洞察から判断する限り、このような記述はただ個々の場合において適切なものとなるにとどまるとみられる。

三つの神経症の抑圧プロセス

わたしたちはここで、よく知られている三つの転移神経症についてメタ心理学的な観点からその抑圧プロセスについて慎重に記述してみよう。この場合には性的な欲動の運命が問題になるのであるから、「備給」という言葉は「リビドー」という言葉に置き換えることができるだろう。

不安ヒステリー

不安ヒステリーにおいては、この抑圧プロセスの最初の段階は見逃されることが多く、実際にしばしば無視されてしまうとみられる。ただし注意深く観察すればこの段階を確認することができる。この段階においては不安が発生し、この不安は何についての不安であるかがはっきりしない。このプロセスは次のようなものと考えることができよう。たとえば無意識Ubw系において性愛的な興奮が存在し、これが前意識Vbw系に移行することを望んでいた。しかしこうした前意識Vbw系において性愛的な興奮に割り当てられていた備給が、そこから逃げ去るような形で撤収されることになった。その際に、拒絶された表象の無意識的なリビドーの備給が、不安として放出されるのである。

このプロセスが何度か反復されているうちに、このような好ましくない不安の発生を防ぐための最初の一歩が踏み出された。逃げ出していた備給は、代理表象に割り当てられ、この代理表象は一方では連想関係によって、拒絶された表象と関係を持つようになり、他方ではこの拒絶された表象から遠ざかることで抑圧を免れる（置換による代替）。これがいまだ抑制することができていない不安の発展を合理化する道を開いたのである。

このようにして代理表象は、意識Bw系あるいは前意識Vbw系にとっては対抗備給としての役割を果たすようになる。抑圧された表象が意識Bw系の内部に浮き上がろうとすると、代理表象がこれに対抗して意識Bw系を保護するのである。他方で代理表象は、ますます制御し難いものとなっている不安の情動が解発されるための出口の役割を果たすか、そのような出口として振る舞うのである。

臨床での観察によると、たとえば動物恐怖で苦しんでいる子供は、二つの条件が発生すると不安を感じるようである。第一の条件は、抑圧された性愛興奮が強まることであり、第二の条件は、不安の原因となる動物を目にすることである。第一の場合には代理表象は無意識Ubw系から前意識Vbw系への橋渡しの役割を果たし、第二の場合には代理表象は不安が解発されるための独立した源泉のような役割を果たす。意識Bw系の支配が強まれば、第二の場合と比較すると、第一の場合の代理表象の興奮のしかたがますます後退することになる。

おそらく子供は最終的には父親にはいかなる愛着も感じないかのように、父親から自由であるかのように振る舞うだろうし、現実にその動物に不安を抱いているかのように振る舞うだろう。ただしこの動物不安は無意識の欲動源泉から力をえているので途方もなく制御しがたいものとなり、意識Bw系からのいかなる影響力にも抵抗することができるようになる。このことからもこの不安は無意識Ubw系から生まれたものであることは明らかである。

恐怖症の発生

このように不安ヒステリーの第二段階では、意識Bw系からの対抗備給は代理形成をするようになっていった。同じメカニズムがやがて、別のところでも働くようになる。わたしたちがよく知っているように、抑圧のプロセスはまだ完了しておらず、次に目標とされるのは、代理物から生まれる不安の発展を抑止することにある。この目標を実現する方法は、代理表象と連想によって結びつけられた周囲の場所に、とくに強く備給がもたらされ、その周囲の場所全体が興奮に対して非常に敏感になるようにすることである。

この周囲の場所がいわば正面の受け入れ場所となって、この場所が興奮を感じると、代理表象と結びついているために、わずかな不安が発展するきっかけとなる。ただしそれを信号として利用することで、備給が新たに逃走するようにさせ、不安の発展がさらに進むことを抑止することになる。敏感に警戒している対抗備給が、恐れられている代理表象から遠い場所に置かれていればいるほど、代理表象は孤立してしまうので、新たな興奮の発生を防ぐメカニズムがますます効率的に働くようになる。

この警戒のメカニズムはもちろん、外部からの知覚を通じて、代理表象にまで到達するような興奮から防御する働きをするだけであって、抑圧された表象との結びつきを通じて代理表象に到達するような欲動の動きに対しては、防御することはできない。

すなわち抑圧されたものの代表を、代理物が十分に引き受ける場合にしか、この警戒は効力を発揮しないのであり、その意味では完全に信頼できるものではない。欲動の興奮が高まるにつれて、代理表象を防御する壁はつねにわずかずつ外側に移動させなければならない。このようなメカニズムは恐怖症と呼ばれるものであり、他の神経症においても同じように構築されることがある。代理表象の意識的な備給を前にして、そこから逃避しようとするこの試みは、不安ヒステリーの標識となる回避や断念や禁止などの症状のうちに表現されることになる。

全体のプロセスを概観してみると、第三の段階は第二の段階で行われる仕事をさらに大規模に反復したものといえる。意識Bw系は、代理表象の周囲に対抗備給を行うことによって、代理表象が活性化することからみずからを防ぐのであるが、それは以前においては、代理表象に備給することによって、抑圧された表象が浮かび上がることから、みずからを防いだのと同じことである。置き換えによる代理形成はこのようにしてつづけられることになる。

ところで意識Bw系は、以前は抑圧された欲動の動きの侵入する入り口の部分である代理表象の存在する小さな場所を占めていただけであるが、最終的には恐怖症のいわば正面の構造の全体が、このような形で無意識の影響が及ぶ「飛び地」のようなものとなってしまったことに注目しよう。

ここで新たな興味深い観点が登場していることが注目される。すなわちこうした防衛メカニズムを働かせることで、欲動による危険が外界に投影されるようになったのである。自我は、不安が発展する危険が内部の欲動の動きからではなく、外界の知覚から発生するかのように振る舞い、この外界からの危険に対しては恐怖症を起こして回避するという方法で逃避するのである。この抑圧のプロセスによって、いくらかは不安の解発を防ぐことができるが、そのための代価として個人の自由が著しく犠牲にされることになる。欲動の要求から逃れようとする試みは一般に無益なものであり、恐怖症を起こして逃避しても、満足できる結果はえられないのである。

転換ヒステリーの状況

わたしたちが不安ヒステリーにおいて確認してきた事柄の大部分は、他の二種類の神経症にもあてはまる。そこでわたしたちはここで検討する対象を、対抗備給における違いとその役割だけに限ることにする。転換ヒステリーにおいては、抑圧された表象の欲動備給が、症状の刺激伝達に置き換えられる。無意識的な表象において、このように刺激伝達へと放出されることで、どのような状況のもとで、どの程度まで備給が排出されるのか、さらにそれによって無意識の表象が意識Bw系への侵入を放棄するのかどうかなどの問題を検討するのは、ヒステリーの個別研究に委ねておくべきであろう。

転換ヒステリーにおいては、意識Bw系あるいは前意識Vbw系から生まれる対抗備給の役割は明らかであり、症状の形成において前景に現れる。欲動代理のどの部分に、欲動代理に充当される備給の全体を集中するかを選択するのが、対抗備給の役割である。症状のために選び出されたこの部分は、次のような条件を満たしている。すなわち欲動の動きの欲望目標を表現するとともに、意識Bw系による防衛と懲罰の要求にも表現を与えるものでなければならない。この部分は不安ヒステリーの場合の代理表象と同じように、過剰に備給されて、両方の側から支えられているのである。わたしたちはこの状況から、抑圧の強さはそのために費やされた対抗備給の大きさによって測られるのであるから、意識Bw系が抑圧のために消費するエネルギーは、症状の備給エネルギーのように大きなものである必要はないと結論することができる。つまり症状は対抗備給に依存するばかりではなく、症状の中で凝縮された無意識Ubw系からの欲動の備給にも依存しているのである。

強迫神経症の状況

強迫神経症については以前の「「抑圧」の」論文で述べたことのほかに、ここでは強迫神経症においては意識Bw系による対抗備給がきわめて強く前景に出ていることを指摘しておくだけでよいだろう。この対抗備給は、反動形成として組織化されているのであり、最初の抑圧を担当するのはこの対抗備給であって、そこから抑圧された表象の侵入が後の段階で発生するのである。転換ヒステリーと比較すると、不安ヒステリーと強迫神経症においては抑圧の仕事がうまく行われていないようにみえるが、それは対抗備給が優勢であるため、そして放出が行われないためではないかと考えられる。

五　無意識Ubw系の特性

二つの心的な系の一つである無意識Ubw系のプロセスは、この系に接触している高次の系にはみられないような特性があることに注目してみれば、二つの心的な系の区別が新たな意義をもつようになる。

無意識系の特徴

無意識Ubw系の核は、その備給を放出しようとする欲動代理、すなわち欲動の動きにある。これらの欲動の動きは併存しつつも、たがいに影響し合わずに共存することによって、たがいに矛盾することがない。それぞれの目標が決して調和することのないようにみえる二つの欲動の動きが同時に働いている場合にも、これらの二つの欲動の動きはたがいに離反したり廃棄しあったりすることなく、中間的な目標を形成する妥協形成のためにたがいに歩み寄るのである。

この無意識の系には否定も懐疑もなく、いかなる程度の確実性もない。これらはすべて無意識Ubw系と前意識Vbw系のあいだにある検閲の仕事によって、初めて持ち込まれてくるのである。否定は、より高次の水準で行われる抑圧の代替物である。無意識Ubw系では、内容への備給がより強く行われるか、より弱く行われるかという違いしかない。

この無意識Ubw系では、備給の強さがきわめて大きな範囲で変動する。表象は置き換えのプロセスによって、その備給のすべてを他の表象に与えることができるが、濃縮のプロセスによって、他のいくつかの表象のすべての備給を自分のものとすることができる。わたしはこの二つのプロセスをいわゆる心理的な一次過程の標識とみなすことを提案した。前意識Vbw系においては二次過程が支配しているが[*2]、一次過程が前意識Vbw系に存在する異なる要素のあいだで起こると、それは「滑稽」なものにみえて、笑いを引き起こすのである。

無意識Ubw系で発生するプロセスは無時間的なものである。これらのプロセスは時間的に秩序づけられておらず、経過する時間によって変更されない。要するに時間との関係がないのである。時間に関係づけるのは意識Bw系の仕事である。

さらに無意識Ubw系で発生するプロセスは、現実について配慮しない。これらのプロセスは快感原則に従っており、その運命はそれらがもつ強さとそれらが快と不快の原則による調整プロセスの要求を満たすかどうかだけに左右される。

要約すると、無意識Ubw系に含まれるプロセスの特徴は、矛盾がないこと、一次過程のものであること（備給の可動性）、無時間性、外部の現実を心理的な現実に変えるものであることなどである。[*3]

無意識のプロセスの意味

わたしたちが無意識のプロセスについて知ることができるのは、夢と神経症という条件のもとにおいてだけである。こうした条件においては高次の前意識Vbw系のプロセスが低次のものとなり（退行し）、以前の段階に引き戻されるために、無意識のプロセスについても知ることができるのである。無意識のプロセスはそれ自体としては認識できないし、それ自体として存在することもできない。というのは無意識Ubw系はごく早い時期から前意識Vbw系が覆っていて、この系が意識と運動性への通路を占領してしまうからである。

無意識Ubw系からの放出は、情動の成長に伴う身体の刺激伝達を目指すものであるが、すでに述べたようにこの放出の経路は、前意識Vbw系との争いを生むことになる。通常の条件のもとでは、反射としてすでに構築されている筋肉運動を除いて、無意識Ubw系は単独では目的に適った筋肉動作を行うことができない。

このような記述的な性格をそなえた無意識Ubw系のもつ意味は、それを前意識Vbw系の性格と比較することによって初めて明らかになるだろう。しかしこれはたやすく行えることではないので、それは今後の課題として、より高次の体系を評価する作業と結びつけて、二つの体系を比較する作業を進めたいと思う。ただしここでごく重要なことだけをまとめて述べておく必要がある。

ブロイアーの理論

前意識Vbw系で起きるプロセスは、それがすでに意識されているか、あるいはたんに意識することが可能な状態であるかを問わず、備給された表象の放出傾向を抑制するものである。ある表象から別の表象へとプロセスが推移する際に、その表象は初期の段階ではその備給の一部を保持していて、備給のごく一部だけが置き換えられることになる。一次過程にみられるような置き換えや濃縮は起こらないか、起きてもごく限られたものである。

これに注目したブロイアーは、心的な生における備給エネルギーには二つの異なった状態があると考えた。緊張し、拘束された状態と、放出を求めて自由に移動できる状態である。わたしはこの二つの状態の区別はこれまでのところ、神経のエネルギーの本質についてわたしたちが獲得したもっとも深い洞察を含むものであり、これを避けて通ることはできないと考えている。メタ心理学的な記述のためには、この問題について議論を進めるのは緊急に必要なことだろう（ただしこれはまだあまりに勇み足のものとなるかもしれない）。

前意識Vbw系の役割

前意識Vbw系の役割としてはそのほかに、表象の内容がたがいに影響し合えるように相互に交流させること、それを時間的に秩序づけること、一つまたは複数の検閲を実行すること、現実吟味を実行し、現実原則に従わせることなどがある。意識的な記憶もまたもっぱら前意識Vbw系で行われるものと考えられるが、これは無意識Ubw系の経験が固定された想起痕跡とは明確に区別されるべきである。わたしたちは意識された表象と無意識的な表象との関係を示すために、ある特別な記載作業を想定したのであるが（ただしこの考えは放棄されている）、意識的な記憶はこうした記載に対応するものとみられる。この問題を考察することによって、わたしたちが現在は漠然と前意識Vbw系とか意識Bw系と呼んでいる高次の系を正しくはどう呼ぶべきかについて、決定的な結論がえられるかもしれない。

これについてはさらに、これらの二つの系に心的な作業を割り当てる営みに関して検討してきた内容をあまりに性急に一般化しないように注意すべきであろう。わたしたちは成人において観察することのできる事態を記述しているのであり、成人では無意識Ubw系は厳密には、より高次な組織の前段階として機能しているにすぎない。個人が発達する際に、無意識の系がどのような内容と関連をもつようになるのか、動物においてはこの系にどのような意味が与えられるかについては、わたしたちの記述から考察すべきではなく、独立に研究すべきものであろう。ただしわたしたちとしても、人間において二つの系の内容も性格も変化してしまったり、それらがたがいに入れ替わってしまうような病的な状況が発生する可能性があることを覚悟しておかなければならない。

六　二つの系のあいだの交流

二つの系の関係

心のすべての仕事が前意識Vbw系によって担われており、無意識Ubw系はそのあいだはおとなしくしていると考えたり、無意識Ubw系は用済みのもの、痕跡のような器官、人間の進化の名残のようなものであると考えるのは間違いであろう。あるいはこの二つの系のあいだの交流は抑圧という行為だけに限られるのであり、前意識Vbw系は自分にとって望ましくないものをすべて無意識Ubw系の奈落に放り込んでしまうと考えるのも間違いである。

無意識Ubw系は生き生きと活動しており、発展することができ、前意識Vbw系とのあいだには、協力関係を含めていくつかの交流関係を維持しているのである。要約するならば、無意識Ubw系はいわば自らの後裔のうちに生きつづけているのであって、生活の作用圏に入り込んできて、前意識Vbw系に絶えず影響を及ぼしており、反対に前意識Vbw系からの影響を受けているのである。

ただし無意識Ubw系の後裔について研究しても、この二つの心的な系のあいだには図式的で純粋な区別があるのではないかと考えているわたしたちの期待に、根本的な失望をもたらすものとなるだろう。そのことがわたしたちのこれまで獲得してきた成果に対する不満を呼び起こし、心的なプロセスを分割して考えるわたしたちのやり方に疑問が抱かれるようになるかもしれない。しかしわたしたちの課題は、観察結果を理論化するということであり、最初から見栄えがよく、単純でわかりよい理論を作り出すことを義務だと考えるものではない。わたしたちはそれが観察によって裏づけられるものである限りは、理論が複雑になってもそれを擁護するだろうし、そのような理論によって、それ自体は単純なものではあっても、現実の複雑さを反映しているような事態を最終的に理解できるようになるという期待を捨てることはないのである。

無意識の後裔の運命

すでに述べたような性格をそなえた無意識Ubw系の欲動の動きの後裔のうちには、自らのうちに矛盾した性格をそなえているものも含まれている。一方では高度に組織され、矛盾がなく、意識Bw系のあらゆる獲得物を有効に利用することができ、わたしたちの判断では意識Bw系の形成物とほとんど見分けがつかないようなものが存在している。他方では無意識的であり、意識にのぼることができないようなものもある。こうしたものは質的には前意識Vbw系に所属しているものの、事実上は無意識Ubw系に含まれるものである。こうした後裔がどのような運命をたどるかは、その由来によって決定づけられる。

そのことはたとえば、異なった人種の混血種と比較することができよう。外見からは白人とほとんど変わらないが、何らかの目立つ特徴によって有色人種である由来が明らかになってしまうため、社会から締め出されて白人の特権をまったく享受できない人々のようなものである。

健常者や神経症患者の形成する空想がこの種のものであり、わたしたちはそれを夢や症状形成の前段階とみなしたのであった。こうした空想は高度の組織をもつにもかかわらず、抑圧されたままであって、意識にのぼることがない。それは意識に近づいてきても、強い備給をもたない限り安全であるが、備給がある程度の水準を超えると押し戻されるのである。この種の高度に組織化された無意識Ubw系の後裔の一例として、代理物の形成が考えられる。ただし好ましい条件が整えば、たとえば前意識Vbw系の対抗備給と結びつければ、意識に侵入することができる。

検閲機構の問題

わたしたちが別の考察において、意識化されるために必要な条件について詳細に検討すれば、ここで示された困難な問題の一部は解決されるであろう。ここでは、これまで無意識Ubw系についての考察によってえられた成果を、意識の考察によってえられた成果と対比して考えるのが有益であろう。意識に対立しているのは、心的なプロセスの全体を含む前意識の領域である。この前意識の大部分は無意識に由来するその後裔という性格を帯びたものであり、それが意識にのぼるには検閲を経なければならない。また前意識Vbw系のその他の部分は検閲を受けずに意識にのぼることができる。

このように考えてくると、わたしたちの以前の想定と矛盾したものとなってくる。これまでは抑圧について考察した際に、意識にのぼることを認めるかどうかを決める検閲の機構は、無意識Ubw系と前意識Vbw系のあいだにあるものと考えざるをえなかった。ところが今では前意識Vbw系と意識Bw系のあいだに検閲の機構が存在するものと考えられるようになっているのである。ただしわたしたちはこの複雑な事態が困難な問題を引き起こすと考えるのではなく、一つの系から別の系に移行する際には、すなわち心的な体制がより高次な体制へと移行する際には、つねに新たな検閲が行われるのだと考えることによって、これを解決することができる。たしかにこのように考えれば、書き込みが次々と更新されるという想定はもはや不要になるのである。

「意識性」の意味

これらのあらゆる困難な問題が発生する原因は、わたしたちに直接与えられる心的なプロセスにそなわる意識性という唯一の性格が、系を区別するためにはまったく不適切なものであることにある。まずなによりも意識されたものはつねに意識的なものであるわけではなく時には潜在的に意識化されうるにすぎないものである。さらにわたしたちの観察によって明らかになったことは、前意識Vbw系の特性をそなえた多くのものが意識されないということである。またわたしたちは意識化されるということが、注意力の一定の方向づけによって制約されるということも知っておかなければならない。

このように意識というものは、多くの心的な系とのあいだでも抑圧とのあいだでも、複雑な関係をそなえているのである。意識にとって異質なのは心的に抑圧されたものだけではない。わたしたちの自我を支配している動きの一部もまた、すなわち抑圧に対して機能的にもっとも強力な対抗物であるはずのものもまた、意識にとって異質なのである。心的な生についてメタ心理学的な考察を深めようとすればするほど、わたしたちは「意識性」という兆候のもつ意味の重みから解放されることを学ばなければならなくなるのである。

わたしたちがこの「意識性」というものにこだわりつづける限り、例外の存在によってわたしたちの理論の一般性が絶えず挫折することを経験するようになるだろう。わたしたちは前意識Vbw系の後裔は代理形成として、あるいは症状として、意識されるようになると考えているが、それは原則として無意識なものと比較すると大きな歪曲が行われた後のことにすぎない。ただしこうしたものには抑圧を呼び寄せるような多くの性格がそなわっているのである。

わたしたちは前意識的な形成物の多くが意識されないままにあることを認めるものであるが、その本性から考えれば、それは意識化されうるものとみなすべきであろう。おそらくそこには無意識Ubw系からの強い牽引力が働いているのであろう。わたしたちは心的な系のうちで明確に対比されるべきものは、意識の系と前意識の系の違いではなく、前意識と無意識の系の違いであると考えている。

無意識Ubw系に含まれるものは、前意識Vbw系との境界において検閲によって押し戻されるが、無意識Ubw系の後裔はこれを迂回することができ、前意識Vbw系の中に入って高度に組織化されて、ある程度の強さの備給をもつまでに成長することができる。ところが備給が強まってこれが意識に侵入しようとすると、それが無意識Ubw系の後裔であることが認識されてしまい、前意識Vbw系と意識Bw系のあいだの検閲によって改めて抑圧されるのである。最初の検閲は無意識Ubw系の要素そのものに対して行われ、第二の検閲は前意識Vbw系に入り込んだ無意識Ubw系の後裔に対して行われるのである。検閲は個人の成長の途上において、いくらか前方に向かって移動したと考えることができるだろう。

前意識と意識のあいだの検閲

わたしたちは精神分析による治療において、前意識Vbw系と意識Bw系のあいだに第二の検閲が存在することを示す明確な証拠を手にしている。わたしたちは患者に対して、無意識Ubw系の多くの後裔たちを形成するように要請し、さらにこの前意識的な形成物が意識化されることを妨げる検閲からの抗議を克服するよう、強く求めるのである。患者にこのようにして検閲に打ち勝たせて、最初の検閲がそれまで実現していた抑圧をわたしたちが取り除くための道を開かせるのである。前意識Vbw系と意識Bw系のあいだに検閲が存在しているということが意味するのは、意識するという行為はたんなる知覚の行為ではなく、おそらく過剰備給の一種なのであり、心的な組織化がさらに一歩進められることで実現されるものであることを、ここで指摘しておきたい。

無意識系とその他の系の交流

わたしたちは新しい理論を確立するためというよりも、きわめて明白なことを見逃さないためにも、無意識Ubw系とその他の系のあいだの交流に注目することにしよう。欲動の活動の根底となるところでは、さまざまな系がたがいに活発に交流し合っている。ここで活性化されたプロセスの一部は、まず準備段階として無意識Ubw系を通り抜けて、意識Bw系における高度に発達した心的な段階にまで到達する。別の一部は無意識Ubw系のうちに留まり続ける。さらに無意識Ubw系は外界の知覚から生じてくる経験によっても影響を受ける。知覚から無意識Ubw系にいたるすべての通路は、正常の状態では自由に通ることができる。しかし無意識Ubw系から発する通路においては、抑圧によって通行が遮断されるのである。

他者の無意識

一人の人間の無意識Ubw系が、意識Bw系を迂回して、他の人間の無意識Ubw系と反応しうるということは注目に値するのであり、これについて詳細に考察する価値がある。その際に前意識の活動が排除されているかどうかは疑問とされるところであるが、記述の観点からはこれは疑問の余地のないところである。

前意識系が無意識系に及ぼす影響

前意識Vbw系あるいは意識Bw系の内容の一部は、無意識Ubw系の媒介を経て、欲動の生によって生まれるものであり、他の一部は知覚によって生まれるものである。この前意識Vbw系のプロセスが、どの程度まで無意識Ubw系に直接に影響しうるのかは、明らかではない。病理学的な症例研究によって、無意識Ubw系が信じがたいほどに独立していて、影響を受けにくいことが示されることが多いからである。一般に病気である人の示す特徴は、二つの系の諸傾向がまったく独立して併存していること、そして両方の系が完全に崩壊していることである。精神分析による治療が目指すのは、意識Bw系によって無意識Ubw系に影響を及ぼすことである。それがいかに困難なものであっても、このような形で影響を及ぼすことが不可能ではないことが、治療によって示されているのである。

すでに述べたように無意識Ubw系から生まれた後裔が二つの系を媒介としてこの道を切り開いてくれるのである。ただしわたしたちは意識Bw系側からの働きかけによって、自発的に無意識Ubw系を変化させることは困難であり、時間のかかる作業であることを想定することができる。

前意識の動きと、それ自体が強く抑圧された無意識の動きが協力することがありうるが、それはさまざまな要求活動の一つと無意識の動きが同じ方向に向かって作用するような状況が発生した場合に限られる。この場合には抑圧は行われなくなり、それまで抑圧されていた活動性は、自我が意図する活動を強化するものとして容認されることになる。この特殊な状況では無意識的なものが自我に適合したものとなるのであるが、それが抑圧されたものであるという点では、無意識的なものにはいかなる変化もない。この協力において無意識Ubw系が成功を収めることは疑いの余地がない。このようにして強化された無意識の活動の試みは、普通の場合とは異なった振る舞いを示すのであり、とくに完璧な働きを実現する能力がある。これに異議を申し立てるものに対しては、強迫症状と同じような抵抗を示すのである。

無意識についての譬え

無意識Ubw系の内容は、心の世界に住む原住民に譬えることができよう。人間においても、動物の本能のような遺伝された心的な形成物があるとすれば、これが無意識Ubw系の核心を構成するものであろう。後になると幼児期の発達の途上で無用なものとして捨てられたものが、それにつけ加えられることになる。これはその性質からして、遺伝されたものと区別する必要はない。二つの系の内容のあいだに明確で決定的な区別が生まれるのは、通常は思春期になってからである。

七　無意識の承認

転移神経症と無意識

　これまで無意識Ubw系について述べてきた議論は、夢の生活と、転移神経症についての知識だけをもとにしたものだった。たしかに多くのことが語れるわけではないし、所々で不明瞭なところや混乱したところがあるという印象を与える。とくに問題なのは、無意識Ubw系を、すでに知られている関連のうちに配置して、その関連のなかに秩序づける可能性が示されていないことである。わたしたちはナルシシズム的な神経症と呼んでいる疾患を分析することによって、謎に満ちた無意識Ubw系をさらに詳しく調べて、手に取るように明らかにする構想を生み出すことができよう。

　アブラハムの仕事（一九〇八年）が発表されてからというもの（良心的な著者は、この論文はわたしの示唆によって生まれたと語っている）[1]、わたしたちはクレペリンが早発性痴呆症と呼んだものについて（ブロイラーはこれを統合失調症と名づけた）、自我と対象の対立の関係においてそれがどのように働くかを考察するようになっている。転移神経症、すなわち不安ヒステリー、転換ヒステリー、強迫神経症には、この対立を前面に押し出すようなところはない。

これまで明らかにされてきたのは、対象を断念することが神経症の発症を促すということ、神経症は現実の対象に対する断念を含んでいること、現実の対象から撤収されたリビドーは、空想的な対象に向けられ、さらにそこから抑圧された対象に戻って行くこと（内向）である。ところがこれらの場合においては対象に対する備給は一般に強いエネルギーをもって維持されているのであり、抑圧プロセスを詳細に調べてみると、無意識Ubw系における対象への備給は、抑圧にもかかわらず、あるいはむしろ抑圧のおかげで存続しているということを認めざるをえなくなった。これらの疾患を治療する際にわたしたちは転移を利用するのであるが、そのためには対象備給に障害が発生していないことが前提とされるのである。

統合失調症と無意識

これに対して統合失調症では、抑圧プロセスの後に撤収されたリビドーは、新たな対象を求めずに、自我のうちに撤収されてしまう。そして自我において対象への備給を放棄して、原初的な対象をもたないナルシシズムの状態が再現されることになると想定せざるをえない。この疾患の臨床的な特徴は、疾患のプロセスが進むと患者は転移を行うことができなくなるため、治療するための手段が失われること、統合失調症に固有にみられる外界の拒否が発生すること、自らの自我に対する過剰備給の兆候が見られること、最終的には完全なアパシー状態に陥ることである。

これらの臨床的な特徴のすべては、対象備給が放棄されるという想定を裏づけているようである。心的な二つの系の関係性という観点からみると、転移神経症の患者の精神分析によって、無意識Ubw系について初めて確認された多くの事柄が、統合失調症ではすでに意識的なものとして現れていることが、すべての観察者に明らかになっている。ただし自我と対象の関係と意識連関とのあいだにどのような結びつきがあるのかは、当初は理解できていなかったのである。

統合失調症の言語変容

わたしたちが探し求めているものは、次のような思いがけないところに現れてくるものと考えられる。統合失調症においては、特に発病の初期の段階において一連の言語の変容が確認されるのであり、これはとくに学ぶところの多い変化であって、そのうちのいくつかは特定の観点から考察するに値するものである。患者の表現方法はしばしば念入りに「選び抜かれ」、「飾られている」。文は独特な構造的な崩壊を示すのであり、そのためにわたしたちにとって理解し難くなり、わたしたちは患者の表現を無意味なものと考えがちである。こうした表現の内容においては、身体の器官や身体の刺激伝達との関係が前景に現れることが多いものである。これについては統合失調症のこうした症状は、ヒステリーや強迫神経症の代理形成と類似したところがあるが、代理物と抑圧されたものとの関係は、これらの神経症とは明確に異なる独特なものであることを指摘することができよう。

タウスク博士の症例

ウィーンのV・タウスク博士は、統合失調症の初期の症状についてのいくつかの観察結果を提供してくれた。それは女性患者が自分の言葉で説明してくれたものとして非常に貴重なものである。わたしは彼の二つの症例についてその見解に賛同するものであるが、どのような観察者もこのような材料を豊富に発表することができることを示したいと思う。

タウスク博士の患者の一人は若い女性で、恋人と不和になって病院に連れてこられた後に次のように訴えた。「わたしの眼がおかしくなっているのです。歪んでいるのです」。これについて彼女は恋人を整然とした言葉で非難しながら、自ら説明をしている。「わたしはあの人をまったく理解できません。あの人は会うたびに違ってみえるのです。偽善者であり、他人の眼をねじる人なのです。あの人がわたしの両眼をねじったために、わたしの眼がねじられています。もうわたしの眼ではないのです。わたしは前とは違った眼で世界を見ているのです」。

この説明は、わたしたちには理解できない患者の話について自ら説明を加えたものであり、ある種の分析としての価値をそなえている。この説明は一般に理解できる表現によって、最初に語られた言葉を説明しているのである。そしてこれらの言葉は統合失調症における言語の形成の意味と発生について解明するものになっている。わたしはタウスク博士とともに、この実例から、眼という器官との関係が、症状の内容全体を代理していることを強調したい。統合失調症における語りは、心気症的な特徴をそなえていて、それは器官言語となっているのである。

この女性患者の第二の説明は次のようなものだった。「わたしは教会の中に立っています。突然激しい揺れが身体を襲います。わたしは別のところに動いてしまっています。誰かがわたしをそこに動かしたのです。わたしはそこに動かされたのです」。

この説明を理解するためには、彼女が恋人に対して行っている新たな非難についての分析が役立つ。「あの人は下品なのです。そのため生まれつき上品だったわたしも、下品にされてしまったのです。あの人は自分がわたしよりも優れていると信じさせたのです。そのようにしてわたしを彼と同じようなものにしたのです。今ではわたしは彼と同じようになっています。彼と同じになればもっとよくなると信じてしまったからです。しかし彼は自分を偽っていたのです。そしてわたしは今では彼と同じようなものになっています（同一化）。彼はわたしを偽ったのです」。

タウスク博士は、「別のところに動く《シュテレン》」という言葉は、「偽る《フェアシュテレン》」という言葉を展開したものであり、彼女が恋人と同一化したことを表現したものであると指摘している。わたしはこれについてはふたたび、この思考経路の全体において、身体的な刺激伝達が、あるいはむしろそれについての感覚が内容になっていて、その要素が優勢になっているということを指摘しておきたい。もしもヒステリーの女性であれば、第一の説明についてはは痙攣的に自分の眼をねじっただろうし、第二の説明については、身体を動かそうという衝動やその感覚を感じる代わりに、実際に身体を動かして、動かされたところを実演してみせたであろう。そしてどちらの場合にも自分で意識的に考えをめぐらせたり、後になってそれを言葉で表現することはできなかっただろう。

器官言語

この二つの観察例はこのように、わたしたちが心気症的言語あるいは器官言語と呼んでいるものを説明している。しかしここで重要なのは、もっと重要な別の事柄を語っていることである。それはたとえばブロイラーの著書に集められた症例にみられるもので、次のような公式にまとめることができるものである。

すなわち統合失調症では言葉は、潜在的な夢思想のうちから夢の像が形成されるプロセス、すなわちわたしたちが心的な一次過程と呼んでいるものに委ねられているということである。言語は濃縮され、置き換えられることで絶えずその備給を交換し合う。このプロセスが極端になると、幾重にも重ねられた関係によってふさわしいものであれば、ただ一つの言葉が思考の網の目の全体を代表するようになる。ブロイラーとユング、そして彼らの弟子たちの業績は、この主張を支えるような十分な材料を提供している。*4

統合失調症と神経症における代理形成

こうした印象から結論を引き出す前に、統合失調症における代理形成と、ヒステリーや強迫神経症における代理形成のあいだには、微細なものではあるが奇妙に感じられる違いがあることを指摘しておきたい。わたしが診療しているある患者は、自分の顔の皮膚の状態が悪いと言って、人生のあらゆる関心事から身を引いている。彼は自分の顔にニキビができていて、そこに深い穴があいているので、誰もがそれを見つめていると主張する。分析によると彼は自分の去勢コンプレックスを顔の皮膚で実演していることが明らかになった。

最初のうちは自分のニキビをいじっても、後悔することはなかった。ニキビを潰すのが大きな満足をもたらしたのである。その時に、何かが飛び出たように感じられたからだという。しかしその後でニキビを潰したところに、大きな穴があくと考え始めた。そして「いつも手でいじって」いたために、自分の皮膚はもう永久にダメになってしまったと激しい自責の念にかられるようになった。彼にとってニキビの内容物を押し出す行為がオナニーの代用であることは明らかである。その後で彼の罪によって生まれた穴は女性の性器を示すものとなる。すなわちオナニーによって強まった去勢の威嚇が実現された結果なのである（それは同時に、去勢の威嚇を代理する空想が実現された結果である）。

この代理形成は、心気症的な性格にもかかわらず、ヒステリー性の転換と多くの類似するところをそなえている。しかしここでは何か別の事態が発生していると感じられるのであり、その違いが何であるかを明らかにしなければ、このような代理形成をヒステリーに似たものと考えても、それで片づくわけではない。

ヒステリー患者であれば、皮膚の毛穴のような小さな穴を、膣の象徴とみなすことはないだろう――ヒステリー患者たちは、中空になっているあらゆるものを膣と比較するのではあるが。それに皮膚には小さな穴がたくさんあるので、ヒステリー患者であればそれを女性の性器の代理物と考えることはないだろう。

タウスク博士が数年前にウィーンの精神分析学会で報告した若い男性患者の実例にも同じようなことが指摘できる。この患者はその他の点ではまったく強迫神経症の患者と同じように振る舞うのであり、化粧室などで何時間も費やしていることがあった。しかしこの患者には、自分の制止の意味を抵抗なく話すことができるという特徴があった。たとえば靴下を履きながら、その網目を（すなわちその小さな穴を）広げなければならないという固執観念が生まれて、彼の動作を妨げたのであった。彼にとってはあらゆる穴が、女性の性的な開口部を象徴するものであった。このようなことは強迫神経症の患者にはなしえないことなのである。

R・ライトラーの観察した強迫神経症の患者もまた靴下を履く時に、同じような躊躇に悩まされていたが、抵抗を克服した後で初めて、次のような説明をみいだしたのだった。すなわち足はペニスの象徴であり、靴下を履く行為はオナニー行為であり、彼が靴下を絶えず履いたり脱いだりしなければならなかったのは、オナニーのイメージを完全なものとするためでも、オナニーを行わなかったことにするためでもあったのである。

言語の優位

統合失調症の代理形成と症状には奇怪な性格があるが、その原因を考えてみるとわたしたちは、事物における関係よりも言語における関係が優位に立っていることにあると指摘することができる。ニキビを潰すこととペニスから射精することのあいだには、事物としてみればほとんど類似したところはないし、皮膚にあいた無数の浅い穴と女性の膣の類似は、さらに小さなものである。ところが言語としてみれば第一の場合には何かを飛び出させるという表現で共通しており、第二の場合には文字通りシニカルな意味で、〈穴は穴である〉という命題があてはまる。表現される事物における類似ではなく、言葉による表現の類似が、代理物を定めているのである。このように統合失調症における代理形成では、言葉と物という二つのものが一致しないために、転移神経症における代理形成とは異なっているのである。

統合失調症と二つの表象

わたしたちのこの洞察を、統合失調症においては対象への備給が放棄されているという想定と組み合わせてみよう。ただしこの場合に対象の表象に対する備給は保持されていることをつけ加えなければならない。わたしたちが意識された対象の表象と呼んでいたものは、今では言語表象と事物表象に区別される。この場合に事物表象というのは、事物についての直接の記憶像からの備給ではなく、遠く離れてはいるがそこから導き出された想起痕跡からの備給によって生まれたものである。わたしたちはここで意識された表象と意識されない表象の違いがどこにあるかを、一挙に理解できるようになる。この違いはすでに指摘したように、同一の内容のものが心的に異なった場所に記載されたことによって生まれるものではないし、同じ場所において機能の異なる備給が行われたことによって生まれるのでもない。意識された表象は、事物表象とそれについての言語表象を含むものであるが、意識されない表象は事物表象だけしか含んでいないのである。

無意識Ubw系は、対象についての事物の備給を含んでいる。これは最初のもともと固有の対象についての備給である。前意識Vbw系は、この事物表象が、それに対応した言語表象と結びついて過剰備給されることによって生まれるのである。このような過剰備給は、より高次の心的な体制を作り出すのであり、前意識Vbw系を支配している二次過程が一次過程を引き継ぐことを可能にすると推測しうる。このようにしてわたしたちは今では転移神経症における抑圧が拒絶した表象について、何が拒まれていたのかを正確に表現することができる。すなわち対象に結びついたままであるべき言語に、表象が翻訳されることが拒まれたのである。言語によって表現されなかった表象や過剰備給されなかった心的な行為は、抑圧されたものとして無意識Ubw系に残るのである。

『夢解釈』での説明

こうした洞察によって統合失調症のもっとも重要とみられる性格が解明されたのであるが、こうした洞察をわたしたちはすでに早い時期から獲得していたことに注意を促したい。一九〇〇年に刊行された『夢解釈』の最後の数ページにおいて、思考過程は、知覚からかなり遠いところで行われる備給行為であり、それ自体においては質をもたず、無意識的なものであるが、ただ言語知覚の残滓と結びつくことによって、意識されうるようになることを詳しく述べている。

言語表象はやはり事物表象と同じように感覚的な知覚から生まれたものである。ここで問われるべきことは、対象表象はなぜそれ自身の知覚の残滓を利用することによって、意識化されないのかということである。しかし思考というものは、もともとの知覚の残滓からは遠く離れた系のうちで営まれるものであり、知覚の残滓の性質はもはや何も受け継いでいないため、それが意識化されるためには、新しい知覚の性質によって強化される必要があると考えられる。

またこのような備給は言語と結びつくことによって質を獲得することができるようになるが、こうした備給は知覚そのものからはいかなる性質も獲得することはできない。というのもこうした備給はたんに、さまざまな対象の表象相互の関係だけに対応するものだからである。言葉によって初めて把握できるようになったこのような対象の表象の相互的な関係は、わたしたちの思考過程を構成する主要な要素の一つである。わたしたちの理解するところでは、言語表象と結びつくことはそのままで意識化されることではなく、その可能性があるだけであり、そうした結びつきが前意識Vbw系の特徴であると考えられる。

ただしこの議論によってわたしたちは本来の課題から離れてしまって、前意識と意識の関係の問題に入り込んでしまうのであり、こうした問題は別に取り扱うべきであろう。

あらたな疑問

ここでは統合失調症については、無意識Ubw系の一般的な理解に必要と思われる範囲で触れただけであるが、これについては、統合失調症において抑圧と呼ばれているプロセスには、転移神経症において抑圧と呼ばれているプロセスと共通したものがあるかどうかという疑問が生まれざるをえない。これまでは、抑圧というものは無意識Ubw系と前意識Vbw系あるいは意識Bw系のあいだの出来事であって、意識から遠ざけておくという役割を果たすものであることが公式として示されてきたが、これは修正しなければ、早発性痴呆症やその他のナルシシズム的な疾患に適用することはできない。抑圧において自我が意識的な備給を回避することで逃避を試みるという点は共通している。この逃避の試み、すなわち自我の逃避がナルシシズム的な神経症ではきわめて根本的なものであり、深部にまで達するものであることは、ごく表面的に考えても明らかである。

言語表象への備給

統合失調症におけるこの逃避が、無意識の対象表象を代理する場所から、欲動の備給が撤収されることであるならば、その対象表象の前意識Vbw系に属する部分、すなわちその対象表象に対応する言語表象が、ある種の強い備給を受けているということは、奇妙なことと思われるだろう。言語表象は前意識に含まれるものであるから、抑圧の最初の激しい衝撃に耐えなければならないのであり、抑圧が無意識の事物表象にまで達した後は、言語表象にはまったく備給されないとみられるのであるから、これは理解しがたいことである。

このように考えてみると言語表象への備給は抑圧行動によるものではなく、最初の復旧あるいは回復の試みを示すものではないか、こうした試みが統合失調症の臨床像を明確に支配しているのではないかと考えられるようになる。これらの試みは失われた対象をふたたび獲得しようとするものであるが、そうした試みのうちで対象の言語的な要素を通じて対象に到達しようとしながら、事物の代わりに言語で満足しなければならなくなることも考えられる。

わたしたちの心的な活動は一般に、二つのたがいに対立した経過方向に動くものである。一つは欲動から出発して無意識Ubw系を通過してから意識的な思考作業へ進む道である。もう一つは外界からの刺激を受けて、意識Bw系あるいは前意識Vbw系を通過して、自我や対象の無意識Ubw系における備給を獲得する道である。この第二の道は、抑圧は行われるものの通行できる通路であり、対象をふたたび獲得しようとする神経症の努力が進むことのできる道として開かれている。

わたしたちがあまりに抽象的に考えてしまうと、言語と無意識的な事物表象との関係について十分に配慮しなくなる危険がある。その場合にはわたしたちの哲学的な思索は、作業方法の表現と内容の観点からみても、統合失調症と思わぬ形で類似してしまうことも否定できない。さらに統合失調症の患者の思考方法の特徴は、具体的な事物をあたかも抽象的なものであるかのように取り扱うことにあると指摘することもできる。

わたしたちが実際に無意識Ubw系を承認して、無意識的な表象と前意識的な表象の違いを正確に規定したと考えることができれば、わたしたちの研究成果はその他の多くの側面からみても、この洞察に導かれるに違いないのである。

原注

＊1　情動性は本質的には、分泌や血管の調整機能において、運動性の放出として現れるものであり、外界と関係なく自己の身体の内的な変化を引き起こすものである。こ

れに対して運動性はさまざまな行動において、外界に変化をもたらすものである。

＊2　『夢解釈』第七章で詳しく考察した。これは『ヒステリー研究』においてJ・ブロイアーが発展させたアイデアに基づいたものである。

＊3　無意識Ubw系のもつ別の重要な特権については、別の文脈において検討したい。

＊4　夢の仕事は時には言葉を物のように扱う。そして統合失調症に似た話を語り、言語新作を実行するのである。

訳注

（1）　英訳版全集によると、カール・アブラハム「ヒステリーと早発性痴呆症の精神的、性的な差異」（『神経学・精神医学中央雑誌』第一九巻、一九〇八年、五二一～五三三ページ）である。

第二部

『集団心理学と自我分析』（一九二一年）

一　序

個人心理学と集団心理学の対立

社会心理学あるいは集団心理学と個人心理学との対立は、一見したところでは重要なものにみえるかもしれないが、詳細に検討してみるとそれほど明確な対立ではないことが明らかになってくる。たしかに個人心理学は個々の人間を対象とするものであり、個人がどのような形で自分の欲動の動きを満足させるかを考察する。しかしその場合にも、個人と個人の関係を無視することはできないのであり、それを無視することができるのは、ごく例外的な場合に限られるのである。

個人の精神生活においては他者は模範として、対象として、援助者としてあるいは敵対者として登場してくるのがつねである。だから個人心理学はもとから広い意味では社会心理学なのであり、むしろ本来の意味で社会心理学であるといってもよいのである。

個人がその両親や兄弟姉妹と結ぶ関係、愛の対象や教師や医者とのあいだで結ぶ関係、すなわちこれまで精神分析において研究されてきたすべての主要な対象は、社会的な現象とみなすことができる。これらの現象は、私たちがナルシシズム的なプロセスと名づけた現象と対立するものである。ナルシシズム的なプロセスにおいては、他者の影響を受けずに、あるいは他者の影響を排除して、みずからの欲動を満足させる。

また社会的な精神作用とナルシシズム的な精神作用（ブロイラーであればこれを自閉的なものと呼ぶだろう）[1]の対立は、たしかに個人心理学の領域における問題であるが、そのことを社会心理学や集団心理学から個人心理学を切り離すための根拠とすることはできない。

集団心理学の考察の二つの道筋

すでに述べたような両親や兄弟姉妹や恋人や友人や教師や医者などとの関係におい

て個人がつねに経験するのは、その人にとって重大な意味を持つようになった一人またはごく限られた数の人物からの影響である。ところが社会心理学や集団心理学について語る際には、このような影響関係を無視して、個人が多数の人々から同時に受ける影響を研究の対象とするのが習慣になっている。

個人にとってはこれらの多数の人々は、それ以外の多くの点では他人であるにもかかわらず、何らかの形で結びついているものである。すなわち集団心理学は個人を、種族や国民やカーストや身分や何らかの組織の一員として取り扱うか、あるいは一定の時点に一定の目的のために集団となった群衆の構成要素として取り扱うのである。集団心理学においてはこのように個人を自然との結びつきから切り離して扱うために、このような特定の条件のもとで現れる現象は、他の状況では現れてこない社会的な欲動の表現であり、群衆本能あるいは集団的な心の表現であるとみなされることが多い。こうしたものは特定の条件のもとで現れるために、個人の心理に還元して考えることができないとされているのである。

ただしこれには異議を唱えることもできよう。数が多くなって集団を形成したことだけによって、人間の心的な生においては通常は活動していないような新たな欲動が呼び覚まされると考えるのは、困難なことだからである。

したがって私たちは、次の二つの可能性を検討できるだろう。一つは社会的な欲動というものは根源的で分割することのできないような欲動ではないことが明らかになる可能性であり、もう一つはそのような欲動が形成される端緒を、家族生活のような小さな集団のうちに発見できるという可能性である。

本書の課題

集団心理学はまだ揺籃期にあるが、それでも見通すことも困難なほどの多数の現象が含まれている。研究者はこうした現象に取り組みながら、これまでは十分に分類されてもいないような多くの課題に挑んでいる。

集団が形成されるさまざまな形式をどのように分類すべきか、集団の形成の際に表現される心理的な現象をどのように記述すべきかなどの問題についてすら、多くの観察と議論が必要とされているのであり、すでに多数の文献が発表されている。

このように集団心理学の範囲が広いにもかかわらず、本書のページ数が少ないことからも、本書で取り上げるのはすべての素材のうちでもごくわずかな問題点だけにとどまることはすぐにお分かりいただけるだろう。実際に本書では、精神分析による心の深層の探究において特別な関心が抱かれている二つか三つの問題しか考察していないのである。

二　集団精神についてのル・ボンの記述

最初に概念の定義を示すよりも、問題とされる事柄の現象に注目することによって、そこから研究の手がかりとなるような二つか三つの特に顕著な事実を提起する方が、わたしたちの目的に適うだろう。ここでは有名になるだけの価値のあるル・ボン(2)の『群衆心理学』*1という書物を要約しながら、その課題に取り組むことにしよう。

集団心理学の三つの問い

まず事態をより明確なものとして提示することにしよう。心理学の課題が、個人の素質や欲動の動きや動機や意図などを考察して、その本人の行動や、その人にとってもっとも身近なものとのあいだにどのような関係があるかを調べ、それを解明してそれにまつわるあらゆる関連を明確にすることであるならば、心理学はその課題を実現した後で突然のように新たな課題に立ち向かわざるをえなくなることに気づくだろう。そしてその課題は未解決なものとして、行く手を阻むことになるだろう。

そしてある驚くべき事実を説明しなければならなくなるだろう。というのも心理学が解明することで理解可能になったはずのこの個人が、特定の条件のもとでは予想とはまったく異なる形で感じ、思考し、行動するのであり、心理学はこの事実を解明しなければならないからである。この特定の条件とは、「心理学的な意味での集団」という特性を獲得している集まりの中に、個人が入るということである。それでは「集団」とはどのようなものであろうか。この集団はどのようにして個人の心的な生にそれほど決定的な影響を及ぼすことができるのだろうか。集団によって個人が受けざるをえない心の変化の本質はどのようなものだろうか。

これらの三つの問題に答えることが、理論的な集団心理学の課題である。これらの課題を解決するための最善の方法は、第三の問いから取り組み始めることである。個人が集団に入ることによって、個人の心の反応がどのように変化するかを観察することによって、集団心理学で考察するための素材が獲得されるのである。何かを説明するためには、その前にまず何を説明する必要があるかを示さなければならないのである。

集団心理に関するル・ボンの説明

さてこれからル・ボンの言葉を引用してみよう。「心理学的な意味での集団においてもっとも注目に値する事柄を挙げてみよう。まず集団を構成する個人がどのような種類の人々であるかにかかわらず、また彼らの生活様式や職業や性格や知性がたがいに似ているかどうかにかかわらず、ただたんにこれらの個人が集団を形成するという事実だけによって、これらの人々は集団精神を所有するようになるということである。そして彼らは一人だけで感じたり、考えたり、行動したりする場合とはまったく違ったように感じ、考え、行動するのである。すなわち集団に結びつけられた個人にだけ現れる理念や感情というものが存在するのであり、これらはその人の行動まで変えてしまうのである。この心理学的な意味での集団というものは一時的なものにすぎず、一瞬のあいだだけたがいに結びあった異質な要素から構成されている。それはあたかも有機体の細胞が結びついた場合には、個々の細胞の特性とは異なった性格を持った新たな存在が作り出されるのと似ているのである」（一三ページ）。

集団の接着剤になるもの

わたしたちはル・ボンの説明に自由に注釈を差し挟むことによって、自分の意見を述べることにしよう。個人が集団の中において結びつけられて一つの統一を形成するときには、これらの個人を結びつけるものが何か存在するはずであり、このいわば接着剤になるものは、その集団に特有なものであろう。しかしそれが何であるかについてはル・ボンは何も語っていない。彼はただ個人が集団の中でこうむる変化について語っているだけであり、わたしたちの深層心理学の基本前提とよく似た言葉で、こうした変化について説明している。

集団における無意識の発露

「ある集団に所属した個人と孤立した個人の違いの大きさを確定するのはたやすいが、この違いがどのようにして生まれたかをみいだすのは、それほどたやすくはない。

その原因を多少ともみいだすためにはまず、近代的な心理学が確認した次の事実、すなわち有機的な生命の場合にも知的な機能の場合にも、無意識的な現象が重要な役割を演じるという事実を想起する必要がある。無意識的な心的な生と比較すれば、意識的な心的な生はごく取るに足らない役割しか果たしていないのである。どれほど細かに分析してもどれほど鋭く観察しても、心的な生の意識的な動機というものは、ごくわずかしか把握することができない。というのもわたしたちの意識的な行為は、遺伝の影響によって作り出された無意識的な土台によって左右されているからである。(3)

こうした土台には、その種族の精神を構成する祖先からの遺産が多く含まれているのである。わたしたちが行為する時に自ら認める動機の背後に、わたしたち自身にも知られていない秘密の根拠があるのは、疑いのないことである。そしてこの根拠の背後にはさらに秘められた根拠が潜んでいるのであり、わたしたちはそれを知ろうともしないのである。わたしたちの日常の行為の多くは、わたしたち自身も知らない隠された動機が作り出すものに過ぎない」(一四ページ)。

ル・ボンは、集団においては個人的な獲得物が姿を消し、それとともに個人の個性も消滅してしまうと語っている。種族の無意識が前面に出てくるのであり、異質なものは同質的なものの中に埋没してしまうと言うのである。わたしたちはそこで、次のように指摘できると思う。集団においては個人のうちでそれまで個別に発達してきた精神の上部構造が取り除かれて無効にされてしまうために、すべての人々に共通な無意識的な基礎があらわにされる（有効になる）と。

集団の中の個人の平均的な性格というものは、このようにして生まれるのであろう。しかしル・ボンはさらに、集団の中の個人がそれまでもっていなかった新たな性格を所有するようになるという事実に注目し、その原因として次の三つの要因を指摘している。

集団心理の第一の要因——無意識の欲動

「これらの原因のうちの第一のものは、集団の中にいる個人は、自分たちがただ多数であるということによって、自分たちには他の人々が抑えることのできないような力が与えられたと感じるのであり、一人だった時には制御しなければならなかった欲動に、身を委ねるようになるのである。集団の中にいると、個人の名前が特定されず、責任を負わされることがないために、普段であれば個人を制約するような責任感がまったく失われてしまうのである。そのため欲動が制御される機会がますます少なくなるのである」(一五ページ)。

わたしたちの観点からは、このような新たな性格が現れることにそれほど大きな価値を認める必要はない。個人が集団に入ることによって、自分のもつ無意識的な欲動の動きを制御するものを捨て去ることができるようになると指摘するだけで十分であろう。それによってその個人が新たな性格を示すようにみえたとしても、それは実際にはその個人のうちにあった無意識的なものが表現されただけにすぎない。そしてこの無意識的なもののうちにこそ、人間の精神に潜むあらゆる悪の素質が現れているのである。このような状況にあっては、良心や責任感のようなものが姿を消してしまうのは、理解しがたいことではない。わたしたちは早くから、良心の核心にあるのは「社会的な不安」[*2]であることを指摘してきたのである。

集団心理の第二の要因——伝染

「第二の要因は伝染ということである。これが集団に特有の特徴を表現するためにも、その方向を決定するためにも役立っている。伝染が生じていることはすぐに確認できるが、これは説明の難しい現象であり、わたしたちがこれから研究しようと考えている催眠術に似た現象とみなす必要がある。群衆の中では感情や行動も伝染しやすいのであり、個人はこの伝染という作用によって、集団全体の利益のために、自分個人の利益を犠牲にしてしまう。これは個人の本性にまったく反する能力であって、人間が集団の一部になる時にだけ生まれうるものである」（一六ページ）。

これについては、最後の文章を手がかりに、わたしたちはいずれ重要な推論を試みるつもりである。

集団心理の第三の要因——暗示

「第三のもっとも重要な原因は、個人が暗示にかかりやすいことである。この暗示によって、集団のうちに統合された個人は、孤立した個人とはまったく異なる性格をもつようになる。すでに述べてきた伝染という原因も、この暗示にかかりやすいことがもたらした一つの結果にすぎない。

この現象を理解するには、生理学において発見された新しい事実を想起する必要がある。すなわちさまざまな操作によって、ある個人から意識的な人格がすべて失われると、その人は、自分から人格の意識を奪った者が与えるあらゆる暗示に従うようになるということ、そしてその人のもともとの性格や習慣とは正反対のことをするようになるということが知られているのである。

そして慎重に観察してみると、活動的な集団の中でしばらく時を過ごした個人は、集団から発する放射によるものか、あるいはその他の未知の原因によって、催眠術者の影響によって催眠術をかけられた人にみられるような恍惚に似た状態に陥ることが分かるのである。……その人の意識的な個性は完全に姿を消してしまい、意志や識別能力が失われ、すべての感情と思考が、催眠術師によって定められた方向に向かうのである。

心理学的な意味での集団に属している個人の状態も、これに似たものである。その人はもはや自分の行為を意識していない。催眠術をかけられた人と同じように、ある種の能力は失われるが、他方で別の種類の能力がきわめて強くなる。何らかの暗示の影響を受けて、その人は抵抗しがたい欲動に動かされて、特定の種類の行動を起こすようになるだろう。集団における個人においては、催眠術にかけられた人よりもさらに抵抗しがたいほどの強さで動かされるようになる。というのもすべての個人に同じ暗示がかけられるために、相互作用によってその力がさらに強まるからである」（一六ページ）。

集団における個人の特徴の要約

「このように、集団の中にいる個人の主な特徴は次のようなものである。意識的な人格が消滅し、無意識的な人格が優勢になること。暗示と伝染によって、思考と感情が同じ方向に向けられること。暗示によって与えられた観念を直ちに実行しようとする傾向が生じること。このようにして個人はもはや個人ではなく、意志のない自動機械になってしまっているのである」（一七ページ）。

ル・ボンの理論の問題点

これらの引用を詳細に再掲したのは、ル・ボンが集団における個人の状態を実際に催眠術をかけられた状態そのものとみなしていること、そしてたんに催眠状態と比較するだけにとどまらなかったことを示すためである。わたしたちはここで、これに反論しようとしているわけではない。ただし集団における個人が変化する原因として挙げられた最後の二つのもの、すなわち伝染と暗示へのかかりやすさの高さは、同じ種類のものではないことが明らかであることを強調したいだけである。というのもル・ボンは、伝染が暗示へのかかりやすさの一つの表現とみなしているからである。

この二つの原因がどのように作用するかについても、ル・ボンの原文では明確に区別されていないようである。ル・ボンの述べたことをよりよく解釈するためには、伝染という働きは、集団の個々の成員のあいだに生まれる相互作用によるものであると考え、催眠術による影響と同じ種類のものとみなされている集団の中での暗示へのかかりやすさという現象については、もっと別の原因を探すことが望ましいであろう。しかし暗示へのかかりやすさには、ほかにどのような原因があるだろうか。

ル・ボンの論文においては、暗示へのかかりやすさが催眠術による影響と同じものとみなされているものの、集団において催眠術者の役割を果たすのは誰であるかが明らかにされていないのであり、これがこの論文の明らかな欠点であると思われる。ただしル・ボンは、集団のうちの個人を魅惑する催眠術による影響そのものと、すでに与えられた暗示を強化する個人のあいだの伝染作用は区別していることを認めておくべきだろう。

次にこの論文では、集団の中の個人を評価するためにさらに重要な観点が指摘されている。「さらに人間は、たんに組織された集団に属するという事実だけによって、文明の段階を数段階も下に降りてしまう。孤独な状態においては教養のある人であったとしても、集団の中ではその人は野蛮な人間に、欲動に動かされる存在になってしまうのである。そのような個人は原始的な人間にみられるような自発性と激しさと荒々しさと熱狂とヒロイズムを身にそなえるようになるのである」（一七ページ）。さらに個人は集団の中に没入していると、知的な能力が低くなることが指摘されている。[*3]

ル・ボンの集団心理の記述の要約

個人の問題から離れて、ル・ボンが描いている集団精神の記述を検討してみよう。そこには精神分析にとって困難な問題を提起するような推論や考察のやり方はみられない。ル・ボンは未開社会の人々や子供の心的な生との一致を指摘することによって、わたしたちに考察のための道を示してくれているのである（一九ページ参照）。

集団は衝動的で、変わりやすく、刺激されやすいことが示されている。集団は主に無意識によって導かれているとされている。[*4] 集団を導いている欲動は、その状況に応じて崇高なものにも残酷なものにもなりうるし、勇敢なものにも臆病なものにもなりうるが、いずれにしてもきわめて専制的なものであり、個人的な関心などは、さらに自己保存の関心なども無視してしまうのである（二〇ページ参照）。

集団にあってはいかなることも熟慮されることがない。何かを激情によって求めるとしても、その情熱は長続きしない。集団は持続的な意志を持つことができないのである。集団が何かを欲望すると、その欲望が実現するまでに時間的な猶予というものを認めることができない。集団はみずからが全能であるという感じを抱いており、集団の中にある個人にとっては、不可能という概念が消滅してしまう。[*5]

集団はまた異例なほどに影響を受けやすく、ものごとを信じやすく、批判精神を欠如している。集団にとっては本当らしくないものなど存在しない。集団は連想において思い浮かんだイメージによって考える。こうしたイメージは個人にとっては自由な空想の際に思い浮かぶものである。集団にとってはこうしたイメージと現実との一致を確認するような合理的な審級のようなものが存在しない。集団の感情はつねに単純なものであって、過激になりやすい。集団はまた疑惑や不確実ということを知らない。[*6]

このようにして集団はすぐに極端なところへと走る傾向があり、強い疑念はすぐに疑問の余地のない確信に変わってしまい、反感の萌芽は凶暴な憎しみに変わってしまう[*7]（三二ページ参照）。

集団は極端へと赴く傾向があるのであって、強い刺激を加えられただけですぐに動かされる。集団に働きかけようとする人は、自分の主張の論拠を論理的に組み立てる必要はない。訴える力のある映像を使って描写し、誇張し、いつも同じことを繰り返せばよいのである。

集団はそれが真実であるか虚偽であるかについては疑問をもたず、自分の強い力を意識しているために不寛容になり、権威を信じやすい。集団は力のあるものを尊敬し、善というものはある種の弱さを示すものであると考えるために、これによって影響を受けることが少ない。集団がその英雄に求めるものは強さであり、時には暴力である。集団は支配され、圧迫されることを求めるのであり、集団の内部から生まれた英雄を恐れるのである。集団はもともと保守的なものであって、あらゆる革新や進歩を嫌悪し、伝統には限りのない尊敬の念を抱いている（三七ページ参照）。

集団にとって倫理というものがどのようなものであるかを理解するには、集団の中に個人が集まることによって、個人的な抑制というものがすべて失われ、太古からの遺産として個人のうちに眠っていたあらゆる残酷で血腥い破壊的な本能が目覚めるということ、そして欲動を自由に満たすことを求めるようになるということに留意する必要がある。

一方で集団は暗示によって影響されることによって、欲望の断念や無私の念や理想への献身などの優れた功績を実現することもある。孤立した個人にあっては、自らの個人的な利益がその人を動かす唯一の動因となるが、集団にあっては個人的な利益が支配的なものとなることはごく稀である。このようにして個人が集団において倫理的な存在になるということもありうるのである（三九ページ）。

集団の持つ知的な能力は、個人の知的な能力をつねに下回るが、集団の倫理的な態度は、個人の水準を大幅に下回ることもある一方で、反対にそれを著しく上回ることもあるのである。

未開社会の人々や幼児との類似

ル・ボンによって描きだされた集団のその他のいくつかの特性は、集団精神と未開の社会の人々の精神を同じようなものと考えることが正しいことを示している。集団においては対立する理念が併存しうるだけでなく、たがいに調和することもできるのであって、論理的な矛盾のために葛藤が生じるようなことはない。精神分析がすでに明らかにしているように、子供や神経症患者などのある種の個人の無意識的な心的生においても、同じような事態はみられるのである。*8

言葉のもつ威力

さらに集団は、言葉のもつ魔術的な力に屈服しやすい。言葉は集団精神に恐るべき嵐をまき起こすのであり、他方でそれを鎮めることもできる（七四ページ）。「集団における言葉やスローガンのもつ力に、理性や論証によって対抗することはできない。集団の前で特定の言葉やスローガンが恭しく表明された場合には、人々の顔つきは敬意に満ちたものになり、人々は頭を垂れるのである。そして多くの人はそれを自然の力であるか、あるいは超自然的な力であるかのように考える」（七五ページ）。これは未開社会の人々のうちに見られる名前のタブーや、名前や言葉に結びついている魔力のことを想起すれば、すぐに理解することができよう。*9

現実的なものと非現実的なものとの同等性

最後に集団というものは、真理を渇望することがない。集団は幻想を要求するのであり、幻想を捨て去ることができない。集団においては現実的なものよりも、現実的でないもののほうがつねに優先されるのであり、現実的でないものが現実と同じくらいに強い影響を及ぼす。集団は現実的なものと現実的でないものとのあいだに区別を設けないという明白な特徴をそなえているのである（四七ページ）。

現実の吟味の後退

すでに示したように神経症の患者の心理においては、空想のうちの生活と、満たされない願望で支えられた幻想とが決定的な優位を占めている。神経症の患者において重要であるのは、通常の意味での客観的な現実ではなく、心的な現実であることを、わたしたちは明らかにしてきた。ヒステリーの症状は、現実の体験の反復に基づくものではなく、空想に基づくものなのである。

強迫神経症の患者にみられる罪の意識は、こうした患者が決して実行するはずもない悪しき意図を抱くことによるものである。それだけではなく、集団の精神活動においては、夢や催眠術の場合と同じように、感情へと備給された願望の動きの強さと比較すると、現実への吟味が著しく後退してしまうのである。

集団における従属願望

集団の指導者についてル・ボンが語っていることは詳細にはわたらず、法則のみえてくるところまでは達していない。ル・ボンによると、生物の個体が集まってある数に達すると、それが動物の群れであっても人間の群衆であっても、本能的に群れの指導者の権威に従うようになるという（八六ページ参照）。集団は、主人なしでは存続することのできない従順な個人の群れなのである。集団には従属しようとする強い願望があり、主人と名乗る人物に本能的に従属してしまうのである。

指導者に必要な特性

集団はこのように指導者を必要とするものであるが、集団の指導者はその当人の個人的な特性によって、集団の要求に応じなければならない。指導者が集団のうちに自分に対する信奉心を呼び起こすためには、指導者本人が何らかの理念を信奉し、それに魅惑されていなければならない。指導者は人々に畏敬の念を起こさせるほどの強い意志をもっていなければならない。集団において意志を失った個人は、自らの意志をこの指導者から受け取るのである。ル・ボンはさらにさまざまな指導者の類型や、指導者が集団に働きかける方法などについても述べている。全体的にみるとル・ボンは、指導者が指導者になるのは、その人が狂信している理念によってであると考えている。

威信のもつ力

ル・ボンはこの理念にも、指導者に与えたのと同じような神秘的で抗いがたい力を与えており、それを「威信」と呼んでいる。威信とは、個人や作品や理念などがわたしたちに及ぼすある種の支配力である。わたしたちはこれに支配されると批判力が麻痺して、驚嘆と尊敬の思いで満たされるのである。これは催眠術のもたらす魅惑的な感情と同じようなものとされている（九六ページ参照）。

ル・ボンはところで、人為的に獲得された威信と、個人の持つ威信を区別している。人為的に獲得された威信は、人間の場合には名誉や富や評判によって与えられるものであり、思想や芸術作品などの場合には、伝統によって与えられるものである。どちらにしてもそれは過去に依存するものであるため、その謎めいた影響を理解するにはあまり役に立たない。個人的な威信というものはごくわずかな人々に見られるものであり、指導者はこの威信の力で指導者になり、すべてのものを磁力のような魔術的な力によって支配するのである。ただしどのような威信も、成功を必要としているのであり、失敗した場合には失われる（一〇三ページ参照）。

このようにル・ボンはこの書物において、指導者の役割と威信を強調しているわけだが、それは集団精神についての傑出した記述と、それほど調和しているとは思えない。

三　集合的な心的な生についての別の評価

ル・ボンの主張の「新しさ」

わたしたちがこれまでル・ボンの記述を手掛かりとしてきたのは、それが無意識的な心的な生を強調しているために、わたしたちの心理学とその点で一致するものだからである。ただしわたしたちは、ル・ボンの主張がそもそも、いささかも新しいものではないことを指摘しておかねばならない。彼は、集団精神の発現のうちには有害なものとか、［個人の精神を］劣化させる傾向があると指摘しているが、これはすでに他の人々によって敵意を含んだ形で明確に指摘されていたことであり、あるいは古い文献においても、思想家や政治家や詩人たちが同じように繰り返してきたことなのである。[*10]

たとえばル・ボンが指摘した二つの重要な命題として、集団においては個人の知的な働きが抑止されるという命題と、集団の内部においては個人の感情が高揚するという命題は、しばらく前にシゲーレが指摘していたことである。[*11(4)]

こうしてみるとル・ボンの著作に固有なものとして残るのは、無意識の観点と、集団の心的な生を未開社会の人々の心的な生と比較する観点だけであるが、これについてもすでにしばしば言及されてきたのである。

ル・ボンの主張の問題点

さらにル・ボンなどの人々の行った集団精神の記述や評価には、議論の余地が残されていたのもたしかである。これまで述べてきたような集団精神の現象は、どれも正しく観察されていることは明らかであるが、そうしたものとは反対の結果をもたらすような集団形成の現象も存在する。そのような現象からは集団精神について、もっと高い評価を行うこともできたはずである。

ル・ボンもまた、集団を構成する個人の道徳よりも、集団そのものの道徳のほうが、場合によっては優れたものになりうること、そして集団だけが高い無私の精神や献身の美徳を作り出すことができることを認めていたのである。「孤立した個人においては個人的な利益がほぼ唯一の動機となるが、集団においてはそれが優勢になることはごく稀である」（三八ページ）。

あるいは一般に、個人に道徳の規範を示すのは社会であり、一般的に個人は何らかの点で、社会が示すこのような高度な要求を満たすことができないと考える人もいる。さらに例外的な共同生活においては、集団の持つ偉大な目的を達成させることができるような熱狂現象が現れることを指摘する人もいる。

知的な働きについては、思考における重要な決定を下すことができるのは、そして大きな成果を生み出すような発見と問題の解決をもたらすことができるのは、孤独のうちで働いている個人だけであることはたしかである。しかし集団精神もまた、天才的な精神的創造の能力をそなえている。これはとくに言語において現れるのであり、民謡や伝説がそれを証明している。さらに個々の思想家や詩人が、生活において集団からどれほど大きな刺激を受けているか、そしてそのような個人は、他人とともに共同に参与した精神的な活動を完成する役割を果たしているにすぎないのではないかという問題も、未解決のままである。

考察する対象集団の違い

このようなまったくの矛盾に直面すると、集団心理学ではいかなる成果もあげることができないように思われる。ただし有望な逃げ道をみいだすことも難しくはない。おそらく「集団」という概念のうちには、さらに分類する必要のあるさまざまな構成を持った個人の集まりがまとめられていると考えるべきであろう。

シゲーレやル・ボンなどの人々は、さまざまな個人が一時的な利害によって短期間のうちに集まった寿命の短い集団を想定している。こうした人々の記述に影響を及ぼしているのは、革命的な集団の性格であり、特にフランス革命の性格であることは疑いの余地がない。

これらの人々と対立する意見では、安定した集団を、すなわち人々が集まって生活を営み、社会の制度として具体化されているような組織を想定して考察しているのである。第一の種類の寿命の短い集団は、短いものの高い波が海のうねりに重なるように、第二の種類の安定した集団の上に重なるようにして現れるのである。

群衆と集団の違い

マクドゥーガルは著書『集団の心』において[*12](5)、すでに述べた矛盾から出発しながらも、組織化によってこの矛盾を解決しようとしている。彼によると集団はそのものもっとも単純な形態ではいかなる組織も所有していないか、組織と呼ぶに足らないようなものしか所有していない。彼はこのような集団を群衆と呼んでいる。

しかし彼は同時に、群衆にも少なくとも組織の最初の端緒のようなものは存在していると主張する。そうでなければ人間が集まって群れをなすことはないと考えるからである。また群衆と呼ばれるこうした単純な集団においてこそ、集団心理学にみられる多くの根本的な事実がとくに容易に確認されると指摘している（二二一ページ）。

偶然のきっかけで集まってきた人間の群れが、心理学的な意味で集団のようなものを形成するためには、ある条件が必要である。すなわちこれらの個人がたがいに共通したものをもっている必要があるのである。こうした共通のものとは、何らかの対象に対する共通の関心であったり、ある状況において同じ方向に進もうとする感情であったり、おそらくその結果としてとわたしなら言うが、たがいに影響しあう能力をそなえていることであったりする（集団成員相互のある程度の影響関係。一一三ページ参照）。

この共通性が、著者の言葉では〈精神的な同質性〉が強ければ強いほど、個人のあいだから心理学的な意味での集団がたやすく作られるのであり、「集団精神」はますます明確なものとして示されるようになる。

感応の原理

マクドゥーガルによると、集団が形成される際にみられるもっとも重要で顕著な現象は、集団の成員の情動が高揚するか、さらに強められることである（一二四ページ参照）。同氏によると集団においては、他の条件ではほとんどみられないほどの高さにまで人間の情動が高揚するという。しかも集団に加わっている人々にとっては、自分の情熱に無制限に身を委ねて、集団のうちで個人的な制限の感覚を喪失することは、気持ちの良い体験なのである。同氏はこのように個人が一体となって集団の中に埋没する現象を、「原始的な共感反応による情動の直接的な感応の原理」（二五ページ）と呼ぶ原理によって説明している。これはわたしたちにはすでに馴染みの感情の伝染という現象である。

すなわちある人が特定の情動のもとにあることを示す兆候が他の人によって知覚された場合には、それを知覚した人にも自動的に同じような情動が呼び起こされるのだという。そしてこの自動的な情動の呼び起こしは、多くの人が同じ情動を同時に感じている場合に、いっそう強いものとなるのである。そのような場合には個人は批判することをやめて、同じ情動によって動かされることになる。そして個人は情動によって動かされることによって、その人に働きかけてきた人の興奮を高めるのである。このようにして個人の情動の備給は、相互に感応しあうことによって高められることになる。

ここにはある種の強迫的な心理が働いていて、他の人と同じことをしたい、多くの人と一致していたいという強迫的な心理が作用しているのは明らかである。そして感情の興奮が粗野で単純なものであればあるほど、このメカニズムによって集団の中でその感情が広まって行く可能性が高くなるのである（三九ページ参照）。

集団の成員の情動が高揚されるこのメカニズムは、集団によって生まれるその他のいくつかの影響によってさらに強められている。集団は個人に対して、集団が無制限な力をもっているという印象を与えるだけでなく、集団のもたらす危険性は克服できないものであるという印象も与えるのである。集団はその時点において人間社会の全体を代表するものとみなされ、集団こそが権威の担い手であり、人々はそれのもたらす罰を恐れ、そのために自分に多くの制約を加えるのである。集団に逆らうのは危険であるのは明らかであり、周囲の人々の示す手本に従って行動していれば、そして場合によっては「狼たちと一緒に吠えていれば」安全なのである。

この新しい権威に服従することによって、個人はそれまでもっていた「良心」を眠らせることができるし、自己抑制をなくすことで手に入れることのできる快感の誘惑に身を委ねることもできる。だからこそ集団の中にいる個人が、いつもの生活条件のもとであれば行わないようなことをあえて実行したり、それを是認したりすることがあるとしても、それは異様なことではないのである。これまで「暗示」という謎のような言葉で語られてきた曖昧な事態を、これによって明らかにできることも期待しうるのである。

マクドゥーガルは、集団においては一般に人々の知性が抑止されるという命題には反対していない（四一ページ参照）。高い知性をもつ人が、知性の低い人々の水準まで引き下げられるのだという。高い知性をもつ人が、そのような知性の働きを抑止するようになるのは、情動が高揚してくると正確さを求められる精神的な労働のための条件が満たされなくなること、個人が集団によって威圧されたために、自由に思考できなくなること、個人が自分の仕事に対してもつ責任感が低下することなどの理由によるものとされている。

単純な集団の特徴

全体としてみると、マクドゥーガルが「組織されていない」単純な集団の精神的な働きについて下した判断は、ル・ボンの判断ほど同情的でない。このような集団は非常に興奮しやすく、衝動的で、情熱的なものであり、動揺しやすく、矛盾を含んでいて、優柔不断でありながら極端な行動に走る傾向がある（四五ページ参照）。こうした集団は粗野な情熱に駆られて、単純な感情しか受け入れようとせず、きわめて暗示にかかりやすく、よく考えることなく性急に判断し、推測や論証は簡単で不完全なものしかできないし、すぐに逸脱したり狼狽したりする。また自意識や自尊心や責任感のようなものはなく、責任をもたない絶対的な権力だけが犯すような誤った行為に走りやすい。このようにこうした集団は、しつけの悪い子供とか、見知らぬ環境に置かれ、監視されていない激情的な野蛮人のように行動する。最悪の場合には人間の群れというよりも、野獣の群れのように振る舞うのである。

高度な集団が形成されるための主要条件

マクドゥーガルはこのような単純な集団と対比させる形で、高度に組織化された集団の振る舞いを記述しているが、わたしたちが関心をもつのは、このような高度に組織化された集団という組織の本質はどのようなものなのか、どのような要因によって形成されるのかということである。マクドゥーガルは集団の心的な生が高度な水準に達するための五つの「主要条件」を次のように列挙している。

第一の根本的な条件は、集団がある程度は継続して存在しつづけることである。この継続性は素材についてであっても形式についてであってもよい。素材における継続性とは、同じ人々がかなり長い期間にわたって一つの集団に留まることを意味する。形式における継続性とは、集団において特定の地位が定められて、そのような地位を個人が交代しながら担うことを意味する。

第二の条件は、集団に属する個人が、その集団の性質や機能や働きや要求について、特定の観念をもつようになることであり、それによって集団全体に対して個人が何らかの感情的な関係をもつようになることである。

第三の条件は、個人が所属する集団が、それと類似しているが多くの点で異なる集団と何らかの関係を結ぶようになること、たとえば他の集団と競争するようになることである。

第四の条件は、その集団が何らかの伝統や慣習や制度のようなものを所有するようになること、特に集団を構成する成員相互の関係を作り出すようなものを所有するようになることである。

第五の条件は、集団の内部で何らかの編成が行われて、それぞれの個人に与えられる作業が特殊化され、分化されるようになることである。

マクドゥーガルによると、これらの条件が満たされた場合には、集団を形成する際に発生しうる心理的に不利な条件が解消されるという。集団の成員の知的な作業能力が一般に低下するのを防ぐためには、集団そのものが知的な課題を解決するのではなく、集団の中の個人がそうした課題を解決するようにすればよいのだという。

マクドゥーガルがこのように集団の「組織」化のために必要であることを示した条件は、もっと別の形で記述するほうが適切であると考えられる。ここで課題となるのは、集団を形成することによって個人がもともともっていた特徴が失われるとすれば、そのような特徴を集団に改めて与えるにはどうすればよいかということである。

個人は原始的な集団に所属する前には、自分なりの持続性や自己意識や伝統と習慣や、自分に固有の役割と位置をもっていて、他者と距離をとりながら、それを競争相手として対抗していたのである。ところがこうした特性が、「組織化」されていない集団に所属するようになると、しばらくのあいだは失われていたわけである。

このように個人のもつ特性を集団に与えることを目標とするのであれば、すでにW・トロッターが述べていた興味深い批評が思い出されるのである。[*13(6)] トロッターは、個人が集団を形成する傾向をもつのは、どのような高等な有機体も多くの細胞から構成されるという性質を、生物学的な意味で継承したものであると考えたのである。*14

四　暗示とリビドー

集団における個人の変化の根本法則

わたしたちが出発点とした根本的な事実は、集団の内部において、集団の影響のために個人の精神活動にしばしば深刻な変化が発生するということであった。個人の情動が異常なまでに高揚され、知的な活動が著しく制限されることになる。そしてこうした情動も知的な活動プロセスも、集団を構成するその他の個人と類似したものに変わっていくのである。これは個人に固有の欲動の抑制が解除されたため、そして個人が自分だけの傾向を発展させようとすることを諦めたことによって初めて生じた変化である。

このような望ましくない変化は、集団を高度に「組織化する」ことによってある程度は防げると主張されているが、集団心理の根本的な事実である原始的な集団における情動の高揚と思考の抑止という二つの法則は否定されないのである。そこでわたしたちは集団において個人の精神がどのようにして変化していくか、心理学的に説明することを目指しているのである。

わたしたちがここで検討しようとする現象は、先に述べられたような個人の自己抑制の試み、すなわち個人の自己保存欲動の行動のような合理的な要因によっては、十分に説明できないことは明らかである。さらに社会学や集団心理学の研究者たちは、こうした現象をいつも名前は違っても同じ呪文によって、すなわち暗示という呪文によって説明しようとする。タルドはこれを模倣という言葉で言い換えているが[7]、ある論者が指摘しているように[*15]、模倣は暗示の概念に含まれるものであり、暗示の結果にすぎないと考えざるをえないのである。

ル・ボンは、社会的な現象にみられるすべての異様な特徴を、個人相互のあいだの暗示と指導者の威信という二つの要素に還元している。それでもこの威信という要素は、暗示を呼び起こす作用のうちにだけ現れるものである。

またマクドゥーガルが示している「情動の一次的な感応」という原理によれば、暗示を仮定する必要がなくなっているという印象を一時的には受け取ることができるが、詳しく調べてみれば、この原理が主張しているのは「模倣」や「伝染」などの既存の主張と変わらないものであって、ただ情動的な要因が特に強調されたものにすぎないことは明らかである。

たしかにわたしたちのうちには、他人の情動を認めると同じ情動のうちに入りやすい傾向があるのは明らかだが、わたしたちはこうした傾向に抵抗することができるし、そうした情動を退けることも、その反対の情動を抱くこともできるのである。

それではわたしたちはどうして集団の中でこの伝染という働きに服するのであろうか。わたしたちが模倣の傾向に従い、情動を感応させられるのは、集団の暗示的な影響であると考えざるをえないのである。いずれにしてもマクドゥーガルの理論においても暗示というものが含まれているのである。他の著者と同じようにマクドゥーガルも集団の顕著な特徴が、集団に特有の暗示性の高さにあると考えているのである。

暗示の概念について

このようにして暗示という現象は、あるいは正確には暗示へのかかりやすさという現象は、人間の心的な生の根本的な事実であって、それ以上還元することのできない根源的な現象であると主張されるかもしれない。わたしは一八八九年にベルネームの手腕を目の当たりに目撃したのであるが、彼もまた同じように考えていたのである。しかしわたしはその当時にも、暗示という概念がこれほど幅を利かせていることに対して、ぼんやりとではあるが反対していたことを想起することができる。ある患者が従順に従わない様子を示すと、ベルネームは「君は何をしているのか、自分に反対暗示をかけているのか」と怒鳴ったものである。その時にわたしはこれは明らかに不法であり、暴力であると呟いたものである。

患者は暗示によって征服されようとした時に、反対暗示によってこれに抵抗する権利を持っているのである。わたしの抵抗感はその後も失われなかった。そしてすべてのことを暗示によって説明することができるが、暗示そのものについては説明すべきではないという理論には、反対する方向に進んだのである。これについてわたしは昔ながらのなぞなぞ遊びを思い出した。

クリストフはキリストを背負っていた
キリストは全世界を背負っていた
それではクリストフは足をどこに置いていたのか[*16]

このようにわたしはそれから三十年経ったのちにふたたび暗示の問題と取り組んだのであるが、暗示についてはそれからも新しい見解はまったく提示されていないことを確認した。ただ一つの例外となるのは、精神分析から影響されたことが明らかな見解であったが、ここではこの見解を無視することができよう。

わたしの考えるところでは、暗示の概念を正確に表現すること、すなわちこの暗示の概念の慣習的な使い方を確認することに、重点が置かれていたようである。*17 たしかにそれは無益なことではない。この言葉が広く使われるようになるにつれて、意味が拡張されて曖昧になっており、あらゆる種類の恣意的な影響が現れるようになっているからである。たとえば英語では「暗示すること」や「暗示」という言葉は、ドイツ語の「勧める」という言葉や「刺激」という言葉と同じような意味で使われている。しかし暗示の本質について、すなわち十分に論理的な根拠のない影響が現れている諸条件については、何も明らかにされていない。あるいは最近の三十年間の文献を分析して、わたしの主張を強化することに努めるべきかもしれない。しかしわたしはそのようなことはしないことにする。わたしに近い研究者たちが、この役割を果たすような詳細な研究を進めていることが明らかになったからである。[*18]

リビドーの概念による解明

そこでわたしは集団心理を明らかにするために、暗示の概念の代わりにリビドーの概念を応用することを試みることにしたい。この概念は神経症を研究する際に大いに役立ったものである。

リビドーとは、情動の理論から生まれた言葉である。わたしたちは欲動のエネルギーを量的な大きさとみなして（この大きさは現在でも測定することができない）、これをリビドーと呼んでいるのである。これは愛に関わるすべてのことに関係しているのである。

リビドーの愛

わたしたちが愛と呼んでいるもののうちでもっとも中心となるのは、一般に恋愛と呼ばれているものである。これは詩人が歌い上げているもので、性的な結合を目標とする性愛である。しかしわたしたちは一般に愛と呼ばれるその他のものも無視することはない。たとえば一方では自己愛があり、他方では両親や子供の愛情、友情、普遍的な人間愛などがある。さらに具体的な対象や抽象的な理念への献身なども無視することはできないのである。これらはすべて、同じ欲動の動きが表現されたものだからである。

すなわちこれらのすべての努力は、男性と女性の性的な結合を目指して進むものであることも、あるいはこのような性的な目的を目指さないか、そのような目的の実現を阻止されているものの、つねにその本来の本質を維持した同じ欲動の動きであることを明らかに示しているものであることもある（自己犠牲や他者への接近の試みなどがその一例である）。これは精神分析の研究によって明らかにされた事実なのである。

エロスの概念

このようにしてみると、さまざまな意味において「愛」という言葉が使われているのであるが、これはきわめて妥当な使い方であると思われる。そしてわたしたちも科学的な説明や叙述の基礎において、このような愛の概念を使うしかないのである。精神分析においてはこのような愛の概念を使ったために、あたかも放埒な革新を企てたかのように責められたのであり、憤慨の嵐が巻き起こったのだった。

しかし精神分析において愛の概念をこのような形で「拡張して」解釈したとしても、それはいかなる意味でも独創的なものではなかった。プラトンのエロスの概念は、その由来や働きや性的な愛との関係という観点からみると、精神分析で考える愛の力としてのリビドーとまったく一致する。このことはナッハマンゾーンやプフィスターが詳細に明らかにしたことである。[*19] また使徒パウロが有名なコリントの信徒への手紙において愛を何よりも高く賞賛した時に考えていたのは、同じように「拡張された」意味においてだったのである。[*20] 世の中では一般に偉大な思想家たちの思想に驚かされると語られているが、実際にはこうした思想を真面目に受け取っていないのは明らかではないだろうか。

リビドーとエロス

ところで精神分析においてはこの愛の欲動をその主要な特徴から判断し、またその起源から考えて性的な欲動と呼んでいる。多くの「教養ある人々」はこの名づけ方を侮辱と感じたために、精神分析は「汎性欲説」であると非難して、これに復讐したのである。

性というものが何か人間性を辱めるものであるとか、品位を落とすものであるとか考える人は、もっと上品なエロスとかエロティクのような言葉を使えばよいかもしれない。わたしも最初からそうすることができただろうし、そうしていれば多くの反対を防ぐことができただろう。それでもわたしはそれは避けたかった。弱気な道を進みたくはなかったからである。そのように最初から尻込みしていたのでは、どこにたどり着けるものか、分かったものではない。最初のうちは言葉だけで屈服していても、やがては事実においても屈服してしまうようになるのである。

わたしには、性というものを恥ずかしく思うことに、何らかの利点があるとは考えられない。エロスというギリシャ語の言葉を使えば、人々の悪口をいくらか抑えることができるかもしれないが、それは結局のところはドイツ語の愛という言葉を翻訳したものにすぎない。要するに〈待つことを知っている人には、譲歩の必要はない〉のである。

二つの着想

さてわたしたちは集団精神の本質をなすのが愛の関係であるという前提に立って、考察を始めることにしたい。あるいはもっと控え目な言葉で表現すれば、感情の結合が、集団精神の本質であると考えるのである。これまで紹介してきた論者たちは、このようなことは問題としていなかった。ここで問題となる事柄は、暗示という概念の覆いの下に隠されていたのである。

これについてわたしたちはさしあたり二つの着想が有望であると考えている。第一の着想は、集団は何らかの力で結びつけられているのであるが、こうした力としてはエロスのほかに考えることができないという着想である。エロスこそが世の中のすべてのものを結びつける力なのである。

第二の着想は、集団に加わった個人が自分の個性を放棄して他人の暗示にかかっているのはなぜかというと、それは個人には他人と対立するよりも和合していたいと望む欲求があるからであり、「他人のために」なりたいという欲求があるからであると考えるものである。

五　二つの人為的な集団――教会と軍隊

考察の出発点

集団の形態についての考察によって明らかになったのは、集団にはさまざまな種類があることと、集団の形成においては対立した方向性がみられることである。集団には一時的な集団もあれば、きわめて持続的な集団もある。同じような人々で構成された同質な集団もあれば、異なった種類の人々で構成された異質な集団もある。自然的な集団もあれば、団結のために外的な強制を必要とする人為的な集団もある。原始的な集団もあれば、高度に組織化され分節化された集団もある。

ただしさまざまな理由から（その理由はいずれ解明するつもりである）、わたしたちはこれまで考察してきた論者があまり重視していない集団の区別に、特別な価値を認めたいと思う。それは指導者のいる集団と指導者のいない集団の区別である。そしてよくみられるやり方とは反対に、わたしたちはかなり簡略な方法で形成された集団を出発点として選ぶのではなく、高度に組織化され、持続性をそなえた人為的な集団から考察を始めなければならない。このような組織のうちでもっとも注目されるのは、信徒たちの共同体である教会と、兵士たちの集団である軍隊である。

教会と軍隊の特徴

教会も軍隊も人為的な集団である。すなわち集団が解体しないように維持する目的で、[*21]あるいは集団の構造が変化しないようにする目的で、外的な強制が行われている集団である。その集団に入る意志があるかどうかは質問されないのが通例であり、また自由意志に任されることもない。集団から脱退しようとすると迫害を受けるか、厳しく処罰されるのであり、あるいは何らかの条件によって束縛されることになる。

このような団体が、団体の構成員の離脱にどうしてそれほど特別な警戒を必要としているかについては、ここでは注目しない。わたしたちが注目したいのは、このような方法で崩壊を防いでいる高度に組織化された集団では、他の集団においては深いところに隠されている関係が、非常にあらわな形で示されている状態だということである。

愛する首長という幻想

教会としてはここではカトリック教会を実例として考えてみたいが、こうした教会と軍隊には、それ以外の多くの違いにもかかわらず、一つの重要な共通点がある。それは集団のすべての個人を平等に愛する首長が存在するという虚構あるいは幻想が存在することである。このような首長とはカトリック教会においてはキリストであり、軍隊においては司令官である。組織の存続にとってはこの幻想がもっとも重要なものであり、この幻想が消えた場合には、外的な強制によって教会も軍隊も崩壊してしまうことがある。

構成員に対する平等の愛は、キリストが明言していることである。すなわち「わたしの兄弟であるこの最も小さい者の一人にしたのは、わたしにしてくれたことなのである」(8)というのである。キリストは教会の信心深いすべての信徒たちに対して、良き兄のような立場に立っている。キリストは信徒たちにとっては父の代わりである。信徒個人に向けられるあらゆる要求は、キリストのこの愛から生まれるのである。

教会において民主的な考え方が貫かれているのは、キリストの前においてはあらゆる人が平等であり、あらゆる人がキリストから等しく愛されているからである。キリスト教の共同体と家族の類似性が強調されることがあるのは、そして信徒たちがたがいにキリストにおける兄弟、すなわちキリストの愛を受ける兄弟と呼び合うのは、深い根拠のあることである。これらの信徒たちの結びつきの原因が、個人とキリストとの結びつきにあることは疑う余地のないことである。

同じことは軍隊についても言える。司令官は部下である兵士たちを特別に愛する父親のような存在なのであり、そのために兵士たちはたがいに戦友となる。軍隊と教会の構造的な違いは、軍隊においては集団が階層的な構造を形成していることにある。軍隊においては隊長が司令官であり、父親である。下士官は、彼が率いる小隊の司令官であり、父親である。

もちろん教会組織においても同じように階層的な制度が構築されているが、軍隊とは違って、実質的な役割は果たしていない。というのも人間である司令官よりもキリストのほうが、個人の事情を詳しく知っており、そのことに配慮することを求めてしかるべきだからである。

リビドーの概念の重要性

軍隊の構造を、このようにリビドーの観点から解釈することには異議が提起されるかもしれない。そしてこのような解釈においては祖国の理念や国家的な名誉の理念が無視されているとか、軍隊の結合にとって非常に重要な意味をもつ事柄が考慮されていないとか、非難されるかもしれない。このような非難はもっともなことであるが、こうした非難が該当するのは、集団の結びつきがこれとは違ってそれほど簡単なものではない場合に限られると答えることができよう。

カエサルやヴァレンシュタインやナポレオンなどの偉大な指揮官の実例が示しているように、祖国や国家の名誉という理念は、軍隊が存続するために不可欠なものではない。このような指導的な理念が、指導者に代わって組織を結びつける可能性と、こうした理念と指導者との関係については、いずれ手短に考察するつもりである。しかし軍隊におけるこのリビドー的な要素は、それだけが効力のあるものとは言わないにせよ、これを軽視することは、理論的に大きな欠陥となるだけでなく、実際においても危険なものとなると思われる。

プロイセンの軍国主義は、ドイツの科学と同じように、心理学には疎かった。そのため世界大戦においては、危地に立つことになったのである。ドイツの軍隊を崩壊させた戦争神経症は多くの場合、軍隊によって強制される役割に個人が反抗することによって生じたものであることが確認されている。E・ジンメルの報告によると[*22]、戦争神経症が発病するきっかけとなるのは、何よりも上官が部下の兵士たちを愛情をもって扱わなかったことにあることが明らかにされている。こうしたリビドー的な要求がもっと考慮されていたならば、アメリカの大統領の提示した十四か条の空想的な約束があれほどたやすく信じられることはなかっただろうし、優秀な軍事装置が、ドイツの戦術家たちの手中にありながら破壊されてしまうようなことはなかっただろう。

集団の構成員の二つの結びつき

教会と軍隊というこの二つの人為的な集団にあっては、集団を構成する個人は一方では指導者（キリストあるいは司令官）にリビドーによって結びつけられ、他方では集団を構成する他の個人ともリビドーによって結びつけられていることに注目したい。この二つの結びつきはたがいにどのような関係にあるのだろうか、これらの結びつきは同じ種類のもので、同じ価値のものであるのだろうか、これらの結びつきを心理学的に記述するにはどのようにすればよいのだろうか。これらの問題をこれから研究しようとするのである。

わたしたちが選んだ第一の研究対象［である集団を統合する力］についての考察によって、わたしたちは有利な立場に立てるようになった。このことからわたしたちは、これまで検討してきた論者たちには、集団の指導者が集団の心理に対してもつ意味を十分に評価していなかったことを非難できるだろうし、わたしたちは正しい道を進んでいると考えることができるだろう。この道によって、集団心理の主要な現象である集団における個人の自由の制約という問題を解明することができよう。個人が指導者との結びつきと、集団のその他の構成員との結びつきという二つの方向において感情的に結ばれているとすれば、この観点から集団において個人の人格が変化し、制約されるという事実を説明するのは困難なことではないだろう。

パニックの現象

わたしたちは集団の本質は、集団の中のリビドー的な結びつきにあると考えるものであり、パニックのような現象のうちにも、このようなものをみいだすことができる。

パニックの現象は軍隊集団についてもっとも詳しく研究されている。軍隊集団が崩壊する時にはパニックが発生する。このようなパニックの特徴は、誰も上官の命令に従わず、さらに他人のことを配慮せずに、自分のことだけを重視することにある。このようにして構成員相互の結びつきが破壊され、正体不明の巨大な不安が解き放たれるのである。

この主張に対しては、むしろその反対のことが起きているのであり、不安が大きくなったためにすべての配慮や結びつきが見捨てられるのだと非難されることも、当然のこととして考えられる。マクドゥーガルは前記の著作の二四ページにおいて、彼の強調する伝染による情動の昂まり（一次的な感応）の典型的な例として、パニックを挙げているのである（ただし軍隊のパニックではない）。

しかし合理的にみえるこうした説明も、この場合にはまったく間違っている。そもそもなぜ不安がそれほどまで大きくなったのかということを、まず説明しなければならないのである。これを危険の大きさによって説明することはできない。今やパニックに陥った軍隊も、かつては同じような危険を、あるいはさらに大きな危険を、立派に切り抜けてきたからである。

またパニックの発生は、脅威をもたらす危険の大きさには比例せず、ごく小さなきっかけでも暴発するということこそが、パニックの本質なのである。パニックの不安に駆られた個人は自分のことだけを気に掛けているのだが、そのことはそれまでその人を動かして、危険を軽視させていた情動的な結びつきが崩壊したことを明らかにしている。その人は危険に一人で立ち向かうようになったために、危険を過大評価するようになったと考えられる。

すなわちパニックの際の不安は、集団にそなわっていたリビドー的な構造が緩むことによって生まれるのであり、それに対する当然の反応なのであって、その逆ではないのである。すなわち危険が大きくなったから、集団のリビドー的な結びつきが消滅したわけではないのである。

パニックの定義

このような見解は、集団の中の不安が感応によって、すなわち伝染することで異常に強まるのであるという主張と矛盾するものではない。マクドゥーガルの見解は、たとえば劇場や娯楽スポットで火事が発生した場合のように、危険が実際に大きなものであり、集団のうちに強固な感情的な結びつきが存在しないといった条件が現実のものとなった場合にはきわめて適切なものである。

しかしわたしたちの考察に役立つ教訓に富んだ実例となるのは、すでに述べたように危険がごく普通の水準であるか、たやすく克服できるものであるにもかかわらず、軍隊がパニックに陥る場合があるということである。「パニック」という言葉の使い方について厳密に規定することは、ここでは期待できない。あらゆる集団的な不安がパニックと呼ばれることも、限度を超えた個人の不安がパニックと呼ばれることもある。あるいはそれにふさわしいきっかけなしで不安が発生すると、とくに「パニック」という言葉が使われることが多いようである。

ここで「パニック」という言葉を集団的な不安という意味で理解すれば、類推によってさらに考察を進めることができる。個人の不安は大きな危険が発生したときに生まれるか、あるいは感情的な結びつき、すなわちリビドーの備給が失われたときに生まれるかのいずれかである。感情的な結びつきが失われたときに発生する不安は、神経症的な不安である。[*23]

同じようにパニックも、集団のすべての個人が大きな危険に襲われたときに起きるか、集団を統合していた感情的な結びつきが失われたときに起きるのである。集団における感情的な結びつきの喪失によって生まれるパニックは、神経症の不安に類似したものである。これについてはベーラ・フォン・フェルセギーのやや空想的ではあるが示唆に富む論文「パニックと汎コンプレックス」（『イマーゴ』第六巻第一号、一九二〇年）を参照されたい。

マクドゥーガルが考えているように（前掲箇所）、パニックを「集団の心」のもっとも明白な機能の一つと考えてしまうと、集団の精神がもっとも顕著に現れるパニックという状況において、集団の精神が崩壊してしまうという逆説に直面することになる。パニックによって集団が破壊されるのは明らかである。集団のそれぞれの個人は通常はたがいに配慮しあっているが、パニックにおいてはこのような配慮がすべて失われるからである。

指導者の喪失とパニックの発生

パニックが発生するもっとも重要なきっかけは、ユーディットとホロフェルネスについてのヘッベルの戯曲についてのネストロイが描いたパロディ的な状況がきわめてはっきりと示している。[9] ある兵士が「隊長が正気を失ったぞ」と叫ぶと、部下のアッシリア兵たちは全員が浮き足立ったのである。何らかの形で指導者を失うことや、指導者に疑念を抱くことは、その危険度とは関係なしに、パニックを暴発させるのである。指導者との結びつきがなくなると、通常であれば集団を構成する個人のあいだの結びつきも失われる。ボローニャ瓶は「構造的には強いが」先端が欠けると壊れてしまうが、それと同じように集団も指導者が欠けると壊れてしまうのである。

宗教的な崩壊について語った小説

これに対して宗教的な集団では、崩壊のプロセスがそれほど分かりやすくはない。最近わたしはロンドンの司教が推薦しているイギリスのカトリック系の小説を入手した。この本は『暗い時代に』というタイトルで、宗教的な集団の解体の可能性と結果を、適切な方法で巧みに描き出している。この小説は、キリストという位格への信仰とキリスト教の信仰に敵対する人々が、イェルサレムにあるキリストの墓が発見されたと主張する物語を、現代風に描いたものである。この墓の銘文には、アリマタヤのヨセフが書いたという告白文が残されていた。[10]

ヨセフは敬虔な信仰心から、キリストの死体を埋葬してから三日目に、キリストの墓から死体を移動してここに埋葬したと語っているのである。このようにしてキリストの復活と神性が否定されることになり、この考古学的な発見によってヨーロッパ文化が激しく揺さぶられ、あらゆる種類の暴行と犯罪が増加した。ところがこの墓碑銘が偽造であったことが明らかになり、陰謀が露呈したためにこうした暴行や犯罪は姿を消したというのである。

宗教的な集団の解体における不安

ここで語られているような宗教的な集団の解体の際に現れているのは不安ではない。ここには不安を発生させるきっかけは存在していないのである。ここで現れたのは他人に対する容赦のない敵対的な衝動である。それまではキリストの平等愛による平和な状態が存在していたが、これが失われたために敵対的な衝動が現れたのである。[*24] キリストの国が成立した時にも、神を信じる共同体に所属せず、キリストを愛さず、キリストによって愛されない人々が存在するものである。

宗教というものは、それが愛の宗教と呼ばれるとしても、その宗教に所属しない人々に対しては過酷で、無情に振る舞うものである。そもそも宗教というものは根本的に、その宗教に所属するすべての人にとっては愛の宗教であっても、それに所属しない人々にとっては残酷で不寛容なものになりがちなのである。ただしそのことで、個人的にどれほど納得しかねることがあったとしても、信者たちをあまりにひどく非難してはならない。この点については信者でない人々や関係のない人々には、心理的に気楽なところがあるのである。宗教の示すこの偏狭さが、かつての世紀ほど激しいものでも暴力的なものでもなくなっているとしても、人間の振る舞いが穏やかになったと結論してはならない。その原因はむしろ宗教的な感情が、そしてそれに依存するリビドー的な結びつきが明らかに弱まってきたことにあるのである。

今日では社会主義的な集団が成功を収めているが、宗教的な集団の代わりに別の集団形成が行われた場合には、集団の外部の人たちに対する偏狭さは、宗教戦争の時代の偏狭さと変わらないものとなるだろう。さらに集団にとって、科学的な見解の違いが宗教の場合と同じように重要な意味をもつようになれば、科学を目指す動機づけについても同じような状況が生まれるに違いないのである。

六　今後の課題と研究方向

これまでの考察の結論

わたしたちはこれまで教会と軍隊という二つの人為的な集団を研究して、次のことを明らかにしてきた。すなわちこれらの集団は、「指導者と集団の成員との結びつきと、集団の構成員のあいだの結びつきという」二種類の感情的な結びつきによって支配されているということ、そして少なくとも集団にとっては、指導者との結びつきが、集団の構成員のあいだの結びつきよりもはるかに決定的な意味をもつと思われることである。

集団における指導者の役割

ところで集団の形式についてはまだ研究し、記述すべき多くのことが残されている。人々が群れただけでは、その内部に結びつきが作られない限り、集団ではないことを前提として研究を進めなければならない。ところがどのような種類の人々の群れにおいても、心理学的な意味での集団の結びつきを生み出す傾向がたやすく発生することを認めなければならない。

さらに自然発生的に誕生したとしても、かなり持続的に存続する集団に注目して、そうした集団の成立と崩壊の条件を研究する必要があるだろう。とくに指導者の存在する集団と指導者の存在しない集団の区別を考察することが必要だろう。そして指導者が存在する集団のほうが、指導者がいない集団よりも根源的で、完全な集団であるのかどうかという問題、指導者が存在しない集団においては、指導者の代わりに理念や抽象的な観念を利用できるかどうかという問題（実際に目でみることのできる指導者のいない宗教的な集団は、その方向に向かって進んでいるのである）、さらに指導者の代わりに、共通の傾向や多くの人々が抱くことのできる希望を利用できるかどうかなどの問題を、考察することができるだろう。

こうした抽象的な観念はある程度は、いわば二次的な指導者の人格のうちにそのまま具体化されうるだろうし、指導者と理念との関係によってさまざまな興味深い多様性が生まれるであろう。指導者や指導的な理念が、否定的なものであることもあるだろう。特定の個人や制度に対する「否定的な感情である」憎悪の気持ちは、そうした個人や制度に対する積極的な依存と同じように、多くの人々を集団のうちに一体化させることになるだろうし、人々に共通した感情的な結びつきを喚起することになるだろう。さらに集団にとっては実際に指導者というものが不可欠なものなのか、指導者よりも不可欠なものが存在するのではないかという問いもまた生まれるのである。

これらのすべての問題は、部分的には集団心理学の文献において考察されてきたものかもしれないが、わたしたちが集団構造のうちに示される心理学的な基本問題に注目することを妨げるようなものではない。わたしたちは何よりも、集団の基本的な性格を作り出すのがリビドー的な結びつきであることを示す証拠を提供してくれるような考察に関心を抱いている。

人間は普通であればたがいに感情的な態度を取るものである。ショーペンハウアーは凍えたヤマアラシの有名な比喩を語っているが、その比喩のように、あまりに馴れ馴れしく接近して来るような人には、誰も我慢できないものである。[*25]

アンビヴァレンツ

精神分析が証明したところでは、夫婦関係や友人関係や親子関係のように[*26]、かなり長い期間続いて二人の人のあいだで結ばれる親密な感情関係には、相手を拒絶し、相手に敵対するような感情のしこりが含まれているものである。それが意識されないとすれば、それはそうした意識が抑圧されているからである。

企業において社員が同僚と争うときや、部下が上司に不平をこぼすような時には、こうした状況がもっと明確に示されるのである。同じような状況は、多くの人が集まってさらに大きな集団を形成する場合にもみられる。二つの家族が結婚によって結ばれるときには、どちらの家族も相手の家族を自分よりも家柄で劣っているとみなし、自分のほうが家柄がよいと考えるものである。二つの都市が隣接している場合には、たがいに相手の都市を妬み、厭うべき競争相手になるものである。あらゆる小国は他の小国を軽蔑する。近縁の民族同士は反発し合うものであり、南ドイツ人は北ドイツ人を我慢できない人々だと考えるし、イギリス人はスコットランド人についてあらゆる悪口を言うし、スペイン人はポルトガル人を軽蔑する。違いがさらに大きくなると、相互の反感を克服できなくなることは、たとえばガリア人とゲルマン人の対立、アーリア人とユダヤ人の対立、白人と有色人種の対立を考えてみればすぐに分かることだろう。

いつもは愛しているはずの人に敵意が向けられる場合には、わたしたちはそれを感情のアンビヴァレンツと呼ぶ。これを説明するためにわたしたちは、親しい関係だからこそ、利害の対立をもたらす複雑なきっかけが生まれるのだと主張するが、これはあまりに合理的な説明かもしれない。身近な人に対するあらわな反感や反発心は、自己に対する愛情すなわちナルシシズムのあらわれだと考えることができるだろう。

ナルシシズムは自己主張を求めるものであるから、自分の個人的な傾向にそぐわないものに対しては、それが自分に対する批判であるかのように感じ、それが自分を作り変えることを求めているかのように感じて、これに反発するのである。ごくわずかな違いにまでこれほど敏感にならなければならない理由は明らかではない。しかしこのような人間の振る舞い方には、どこから生まれたものかは明らかではないものの、憎悪の心が、攻撃性が示されているのは確実とみられる。こうしたものは人間にとって基本的なものなのであろう[*27]。

集団における敵愾心の消滅

ところがこのような不寛容は、集団が形成されると、そして集団の内部において、一時的あるいは永続的に消滅してしまうのである。集団形成が持続しているか、それが及ぶ範囲においては、集団に属する個人は誰もが同じような存在であるかのように振る舞う。誰もが他人独特なあり方にもそれほど反発せずに、他人と同じように振る舞うようになる。集団では他人に対していささかも反発心を感じないのである。

わたしたちの理論によると、ナルシシズムがこのような形で制限されるのは、他の人間とのリビドー的な結びつきという要因が存在する場合に限られる。自己愛が制限されるということは、他者への愛、つまり対象愛だけによって可能となる。[*28]

これについてはすぐに、利益共同体は、リビドーが関与しなくてもそれ自体において他人に対する寛容を生み出すのではないか、他人に対する配慮を生み出すのではないかと、疑問が抱かれるかもしれない。この疑問については、そのような形ではナルシシズムを持続的に制限することはできないと答えることができる。このような寛容さであれば、他人と協力することによってえられる直接の利益がなくなれば、すぐに消滅してしまうからである。

この点についての議論は、思ったよりも実際的な価値のないものである。というのはこれまでの経験が明らかにしたところでは、他人と協力が行われる場合には、同僚となる他人とのあいだで必ずリビドー的な結びつきが生まれるのであり、これによって彼らのあいだの結合が利害を超えた形で永続的で固定的なものになるからである。
人間の社会的な関係においても同じようなことが起こることは、精神分析において、個人のリビドーの発展過程を研究した際に確認されている。リビドーが向けられる対象は、その人にとって重要な生活上の欲求がどのように満足されるかによって決まるのであり、このような満足を与えてくれる人が、リビドーの最初の対象として選ばれるのである。

個人の場合と同じように人類全体の発展においても、利己主義から利他主義へと転換することを可能にしたのは、愛という文化的な要因だけなのである。この愛とは、[男性にとっては]女性に対する性的な愛情であることも(女性にとって好ましいものを大切にするという付随的なものもこれに含まれる)、共通の仕事によって結びつけられている他の男性に感じるような、昇華され、脱性愛化された同性愛であることもある。

集団形成の本質

このように集団の内部ではナルシシズム的な自己愛が抑制されるのであり、集団の外部ではこれが抑制されないことから考えて、集団形成の本質は集団の構成員のあいだで新たなリビドー的な結びつきが作り出されることであることが、はっきりと示されよう。

そうなると、集団におけるこの結びつきがどのような種類のものであるかということが、わたしたちの関心をそそる緊急の課題となる。これまでの精神分析における神経症の理論では、主に直接的な性的目標を追い求める愛の欲動とその対象との結びつきの問題を検討してきた。ところが集団においてはこのような性的な目標が追い求められないのは明らかである。集団で問題になるのは本来の目標から外れた愛の欲動である（ただしそのために強さが弱まることはない）。

振り返ってみれば、私たちはすでに通常の性的な対象備給についても、性的な目標から外れた欲動がもたらす現象について注目してきたのであった。私たちはそれを惚れ込みの状態と呼んでおり、それが自我にある程度の損傷を与えることを認めてきたのである。そこで私たちはこの惚れ込みという現象に注目することにしよう。この現象のうちに、集団における結びつきに転移することのできるような状態をみいだすことができるのではないかという期待があるからである。

それだけではなく、私たちが性生活のうちにみいだしてきたこの種の対象備給が、他の人間との感情的な結びつきの唯一の道筋なのかどうか、あるいはその他の感情の結びつきのメカニズムが存在するのかどうかということも、明らかにしたいと考えている。実際に精神分析の経験によって、さらに異なる種類の感情的な結びつきのメカニズムがあることが明らかにされている。これが同一視のメカニズムである。これはよく解明されていないし、記述するのが難しいプロセスである。そこで集団心理学のテーマからは外れるかもしれないが、しばらくこの同一視というプロセスについて検討してみることにしよう。

七　同一視

同一視とは

同一視とは精神分析によって、他人に対する感情的な結びつきのもっとも初期の段階の現象として解明されてきたものである。同一視はエディプス・コンプレックス以前の生活史において、一つの役割を果たしている。

幼い男の子が自分の父親に特別な関心を抱くことがあるが、それは男の子が自分も父親と同じようなものでありたいとか、そのようなものになりたいとか、あらゆる点で父親の代わりになりたいと願う気持ちである。客観的に表現すれば、幼い男の子は父親を理想にしているのである。

幼い子供のこうした態度は、父親や男性一般に対する受動的な態度や女性的な態度とはまったく関係のないものであって、むしろ優れて男性的なものである。これはエディプス・コンプレックスと調和するものであって、これを準備するものでもある。

同一視とアンビヴァレンツ

幼い男の子はこの父親との同一視と同じ時期に、あるいはそれ以前から、母親に対しても委託型の本格的な対象備給をするようになる。この段階で男の子には二つの心理的に異なった結びつきが存在することになる。すなわち母親に対する自然な性的な対象備給と父親という模範に対する同一視である。この二つの結びつきはしばらくのあいだは、たがいに影響し合うことも妨害し合うこともなく併存している。心的な生の統合が絶えず進んでいくと、この二つの結びつきが触れ合って合流するようになり、やがて正常なエディプス・コンプレックスが成立する。

男の子は母親を自分のものとしたいと願うが、それには父親が邪魔になることに気づくのである。男の子の父親との同一視は、このようにして敵意を帯びたものとなり始め、母親との関係において自分が［母親の夫である］父親の代わりとなる地位を占めたいと願うようになる。このように同一視には最初からアンビヴァレンツとしての性格がそなわっているのであり、これは情愛の表現であることも、排除の願望であることもありうるのである。

同一視はリビドー体制の最初の段階である口唇期の一つの派生物であるかのように振る舞う。そして渇望し、尊重する対象を食べてしまうことによって自己と同一化し、それによって対象を滅ぼしてしまおうとするのである。食人種がこの立場にとどまっていることはよく知られている。彼らは自分の敵を食べてしまいたいほどに愛しているのであって、愛することのできない敵は食べようともしないのである。[*29]

同一視の運命

こうした父親との同一視がたどる運命は、やがては明確なものではなくなることが多い。あるいはエディプス・コンプレックスが逆転して、父親に対して女性的な態度で向かい、そこに直接的な性的欲動を充足することを望むようになることもある。そしてこの場合は父親との同一視は、父親を［性愛の］対象とする結びつきの萌芽となってしまうだろう。これと同じことが幼い女の子と母親のあいだにも発生する。

父親になることと父親をもつこと

このような父親との同一視と、父親を対象として選択することとの違いを、公式によって表現することは容易である。父親との同一視の場合には、少年にとって父親とはそうなりたいと思う相手である。父親を対象として選択する場合には、父親とは対象としてもちたいと思う相手である。この違いは、結びつきが存在するのが、自我の主体においてであるか、自我の客体においてであるかの違いとしても表現できる。このため父親との同一視は、あらゆる性的な対象選択以前に起こりうるものである。この違いをメタ心理学的に具体的に示すことは、きわめて困難である。ただし同一視においては、主体は「手本」とみなされた他の自我に照らして、自分の自我を形成しようと努力しているのである。

同一視が起こりうる二つの道筋

このように錯綜したあり方のうちから、神経症の症状が形成される際に行われる同一視について検討してみよう。ある幼い少女が、母親が苦しんでいるのと同じ苦痛な症状に悩まされているとしよう。たとえば母親と同じような苦しげな咳をしているとしてみよう。このような症状は、さまざまな道筋から起こりうるものである。

一つには、この少女が母親に対する敵意に駆られて、母親の代わりをしようとする欲望に動かされているエディプス・コンプレックスのもとで、同一視が生じていると考えることができる。この症状は父親を対象とする愛情を表現しているのである。そして「お前は母親になりたいと願ったのだから、その苦しみを味わうべきである」という罪の意識の影響のもとで、母親の身代わりをしているのである。これはヒステリー症状を形成する完全なメカニズムである。

あるいは少女のこの症状は、少女が愛している母親の症状と同じものであることも考えられる。たとえば「あるヒステリー分析の断片」で示したように、ドーラは父親の咳を真似ていたのだった。この症状については、同一視は対象選択の代わりとして現れるのであり、対象選択が同一視に退行したのだと述べることができよう。

すでに指摘したように同一視は感情的な結びつきのごく初期にみられるもっとも根源的な形式である。これはよくみられることだが、症状が形成されるような条件においては、すなわち抑圧や無意識のメカニズムが支配的なものとなっている条件では、対象選択がふたたび同一視に退行するのであり、このようにして自我は対象の示す特性を身につけるのである。

この同一視の際に自我が真似るのが、自我が好ましくないと考えている人物であることも、自我が愛している人物であることもありうるのは注目に値することである。またどちらの場合にもこの同一視は部分的にしか行われず、きわめて制限されたものであって、対象となる人物の特定の特色だけを真似るものであることも注目に値する。

同一視の生まれる第三の道筋

症状が形成されるにいたる第三の道筋は、とくに頻繁にみられる重要な道筋であって、同一視において自我が真似た人物との対象関係がまったく無視されている場合である。たとえば寮で生活している少女が、秘密の恋人から手紙を受け取ったのであるが、その手紙によって彼女の嫉妬心が刺激されて、その少女がヒステリーの発作によって反応したとしよう。そのような場合に彼女の数人の女友だちもまた、いわば心理的な伝染作用によって、同じようなヒステリーの発作を起こすことがあるだろう。このような発作は、同一視のもとで、相手と同じ状態に身を置く能力が生まれたため、あるいはそのような状態に身を置きたいという欲望が生まれるというメカニズムで起きたのである。発作を起こした女友だちも、自分でも秘密の恋愛関係を持ちたいと願ったために、罪の意識のうちで、そのような恋愛につきものの苦悩を引き受けたのである。

これらの女友だちが同情から、彼女の症状を自分のものとして引き受けたのであると主張するのは間違いであろう。むしろそのような同情は同一視によって生まれたものである。というのはこのような伝染あるいは模倣は、寮で暮らしている人々のあいだでなくても、双方のあいだに以前からの共感がわずかでもあれば発生するからである。

同一視が発生するのは、ある一人の人の自我が、他の人の自我に自分と共通する重要なところをみいだしたとき、わたしたちの実例で言えば、同じような感情を抱こうとしている点で大きな類似が認められたときである。そして病的な状況においては、ある人の自我が作り出した症状についてまで、同一視が行われるのである。このように症状における同一視は、二つの自我がどのようなところで類似しているかを示す目印となるものであるが、この類似しているところは抑圧しておかねばならなかったものなのである。

同一視の三つの特徴

わたしたちはこれらの同一視の三つの源泉から学んだことを次のようにまとめることができよう。第一に同一視は、対象との感情的な結びつきを作り出す根源的な形式である。第二に同一視は退行という道をたどることによって、いわば対象を自我のうちに取り入れるのである。これによって同一視はリビドー的な対象との結びつきの代理となることができる。第三に同一視は、性的な欲動の対象とならないような人物とのあいだで、何らかの共通点がみいだされた場合に生まれることができる。この共通点が重要なものであれば、この部分的な同一視はますます効果の高いものとなり、新しい結びつきが生み出されるための端緒として役立つことになろう。

集団における同一視

すぐに予想することができるように、集団を構成する人々のあいだには、重要な情動的な共通性が存在するため、すでに述べた同一視が発生しやすいのであり、この共通性は、指導者との結びつきの様式のうちにあると考えることができる。同じようにすぐに予想できることは、わたしたちはこの同一視の問題を十分に考察していないのであり、わたしたちがここで出会っている現象は、心理学において「感情移入」と呼ばれるプロセスに近いものであるということである。

このプロセスは自我にとって無縁な他者を理解するために、もっとも重要な役割を果たすのである。ただしここでは同一視がもつ情動的な働きだけについて考えることにしておき、同一視が「感情移入のような」知的な生活に対してもつ意義は考察しないことにしておこう。

同一視の事例

精神分析では、精神病のような困難な問題に取り組んだこともあり、同一視にはすぐに理解できないような困難な問題が含まれていることが明らかになっている。わたしはここでさらに考察を進めるための材料として、そのうちの二つの事例を詳しく検討してみることにしよう。

ダヴィンチの実例

男性の同性愛の発生プロセスの概略は次のようなものである。ある若い男性がエディプス・コンプレックスのもとで母親に長いあいだ強く固着していた。しかし思春期が終わる頃に、ついに母親を別の性的な対象に取り替える時期がやってきた。ところがその時点で急激な方向転換が起きたのである。その若者は母親を捨てる代わりに、自分を母親と同一視したのである。これによって若者は母親のうちに入り込み、自分の自我の代理となるような［若い青年の］対象を求めるようになり、そのような対象を、彼が母親から愛されたように愛し、世話するようになるのである。

これは頻繁に見られるプロセスであり、いつでも確認することができるが、このプロセスはもちろん、こうした急な方向転換を発生させる生物学的な欲動の力や、そうした方向転換の動機についての仮説とは無関係に起こるものである。この同一視で注目されるのは、それが徹底的に行われるという特徴があることである。すなわちこの同一視によって自我は、それまでの対象を手本として、最も重要な特徴である性的な性格という点で、まったく違うものに作り変えられてしまうのである。

その際に対象そのものは放棄されるのであるが、それが完全に放棄されてしまうのか、意識のうちでは放棄されても無意識のうちでは維持されているのかは、ここでは問題にならない。さらにその対象の代わりに、放棄されたり失われたりした対象との同一視が起こり、その対象を自我のうちに取り入れることも珍しいことではない。幼い子供ではこうしたプロセスが直接に観察されることが多い。『国際精神分析学雑誌』にこのほど発表されたある観察例では、子猫を亡くして悲しんでいた子供が、自分は子猫になったと主張して四足で歩くようになり、テーブルに向かって腰かけて食事をすることもなくなったというのである。[*30]

鬱病の実例

対象の取り入れについての別の実例は、メランコリー〔鬱病〕の分析で確認されたものである。鬱病という病が発生するもっとも重要なきっかけは、愛する対象が実際に失われたこと、あるいは情動的な意味で失われることであるとされている。このような場合に発生する主要な特徴は、過酷なまでの自己批判や仮借ない自己非難が行われるために、自我が残酷なほどに自己を軽蔑するようになることである。精神分析によって明らかになったのは、自己に対するこのような評価や非難は、根本的には対象に向けられたものであって、対象に対する自我の復讐を示すものだということである。わたしは別のところで、[*31] 対象の影が自我の上に落ちるのだと述べておいた。このプロセスにおいて対象の取り入れが行われていることは明らかである。

自我理想

しかしメランコリーはさらに別のことも教えてくれている。これは後の考察に重要な意味をもってくることであるが、自我が二つの部分に分裂して、そのうちの片方が他方に暴力を振るうのである。暴力を振るわれる他方の自我は、対象を取り入れて変化したものであり、そこに失われた対象が含まれているのである。

ここで自己を過酷に取り扱う部分は、すでに確認されてきたように、たとえば良心のような審級である。良心はふだんから自我に対しては批判的な審級であるが、通常はこの批判はそれほど過酷なものでも不当なものでもなく、たんに自我への批判的な機能にすぎないものである。

わたしたちはすでに自我にこのような審級が作られており、それが自我の他の部分とは分離して、その他の部分と葛藤に陥ることがあることを指摘しておいた（「ナルシシズム入門」ならびに「喪とメランコリー」参照）。わたしたちはこの部分を「自我理想」と呼び、この自我理想には自己の観察、道徳的な良心、夢の検閲、抑圧を加える主要な影響力の行使などの機能があることを指摘しておいた。この自我理想が、幼児の自我が自己満足を獲得する根源的なナルシシズムを継承したものであることも、指摘しておいた。

この自我理想の審級は、自我が必ずしも実現することのできない要求を、周囲からの影響によって徐々に引き受けておいて、それを実現することを自我に要求するのである。これによって人間が自分の自我に満足できない場合にも、自我と分裂した自我理想に満足をみいだすことができるようになる。

この審級の破綻は妄想の場合にとくに顕著に確認されるが、このような自我理想が破綻する原因は、外部の権威、とくに両親の影響であることが確認されている[*32]。ただしこの自我理想と実際の自我がどの程度まで離れているかは、個人によって大きく異なる。多くの人にとってはこのような自我内部の分裂は、幼年期に発生する分裂をそれほど上回るものではないことも、すでに指摘しておいた通りである。

ただし集団のリビドー的な組織を理解するためにこれらの資料を利用するためには、対象と自我の関係についていくつかの問題を検討しておく必要がある。*33

八　惚れ込みと催眠

惚れ込みと愛

言葉遣いというものは、ごく気まぐれな場合にも、何らかの意味で現実に忠実なものである。たとえばわたしたちは非常に多様な感情関係を「愛」という概念によって要約しているが、言葉遣いにおいてもそれを「愛」と呼んでいるのである。しかもわたしたちはこの愛が本当の正しい愛であるかどうかを疑っているのであり、愛の現象のうちにもさまざまな段階が可能であることを暗示している。患者たちを観察した際にも、同じような状態をみいだすのは難しいことではないだろう。

惚れ込みというのは、性的な欲動から生まれた対象への「リビドーの」備給のことであり、これは多くの場合、直接の性的な満足を目指すものである。この満足が実現された場合には、その満足そのものも消滅するのであり、これはありふれた感覚的な愛と呼ばれるものである。

しかしリビドー的な状態がこのように単純なものであることはきわめて稀であって、そのことはよく知られている通りである。欲求が満たされて消滅したとしても、そのような欲望を復活させようとする期待が生まれるのであり、これが性的な対象に対して持続的にリビドーを備給させる動機となる。そして欲望のない中間的な期間においても、これがその対象を「愛する」ようにさせる動機となるのである。

幼年期における両親との関係

この要因のほかに、人間の愛の生活のきわめて注目すべき発達史に由来する第二の要因が加わってくる。人間の発達史の最初の段階はほぼ五歳で終了するが、この時期に幼児は片方の親に最初の愛の対象を発見し、この親において満足を求めようとする。この時期には幼児の性的な欲動はすべてこの対象に向けられ、統一されている。その後に抑圧が行われることによって、幼児は自分の性的な目標の大部分を断念することを強いられる。これによって両親との関係は著しく変化することになる。

幼児は両親との結びつきを維持しているが、「目標を抑止された」と呼ぶべき欲動によって両親と結ばれているだけである。幼児がこのようにして愛する親に対して抱く感情は「情愛的な」感情と呼ばれるようになる。しかし無意識のうちには以前の「性感的な」感情を追い求める傾向が多少なりとも強く維持されているのであり、ある意味では根源的な流れのすべてが存続していることはよく知られている通りである。[*34]

思春期の新たな動き

周知のように、思春期になると性目標を直接に求める激しい動きが新たに現れてくる。これがうまくゆかない場合にも、こうした動きは〈性感的な〉感情の流れとして維持され、以前から続いている「情愛的な」感情の流れとは分離したままになっている。このような二つに分離した面をもつ流れについて、ある種の文学は好んで理想化して描いている。

こうした状態にある男性は、深く尊敬している女性に対しては情熱的な愛着を示すのであるが、この女性との愛の営みへと誘われることはないのである。こうした男性が性的能力を発揮できるのは、「愛する」ことがなく、軽視するだけではなく侮辱さえしているような女性に対してである。[*35]

さらに成長期にある男性が、性感的ではない天上的な愛情と、性感的で地上的な愛情とをある程度は統合できることも多い。このような場合にはその男性の性的な対象との関係は、制止されない欲動と、目標を制止された情愛的な欲動が共存するという特徴をそなえるようになる。性感的な欲動だけではなく、それに目標を制止された情愛的な欲動がどれほど加わっているかに応じて、その人物の惚れ込みの〈高貴さ〉を測定することができるのである。

性的な過大評価

この惚れ込みの現象のうちで最初からわたしたちが注目したのは性的な過大評価という現象である。性的な過大評価をする人は、愛の対象に対する批判力をかなり失ってしまい、その対象を愛していなかった時期に比べると、あるいは愛していない人物と比べると、その対象の持つすべての性質を高く評価するのである。

対象に対する性的な満足の追求をある程度は効果的に抑圧することができるか、それを押しとどめることができる場合には、その対象は精神的な長所のために性感的にも愛されているかのような錯覚が生まれる。しかし実際はその反対で、性感的な魅力がその対象にそのような長所があるという錯覚を引き起こしているかもしれないのである。

理想化のプロセス

こうした場合にその人の判断を誤らせているのが、理想化を追い求める試みである。このように考えると、わたしたちの研究の方向を定めるのが容易になる。わたしたちの考えでは、惚れ込みの状態にあっては、対象が自分の自我と同じように扱われるために、対象にナルシシズム的なリビドーが大量に注ぎ込まれるのである。愛の対象を選択する際に、選ばれた対象が自分では到達できない自我理想の代理をしていることもある。

その場合には対象が愛されるのは、自分の自我がそうあるべきであるとされた完全さをそなえているとみなされるからである。その人は自分の自我のために手に入れようと願っていた完全さが、この迂回路を通じて獲得できると考えて、ナルシシズムを満たすのである。

性的な過大評価と惚れ込みのプロセスがさらに亢進すると、すでに述べた解釈の正しさがますます明らかになってくる。若者の熱狂的な愛によくみられるように、直接の性的な満足を目指す試みは完全に押しとどめることができるようになる。その場合には自我はますます無欲で謙虚になり、対象はますます立派で高貴なものになる。やがて対象が自我の自己愛をすっかり手に入れることになり、このようにして自我は当然のように自己犠牲を実現することになる。いわば対象が自我を食い尽くしたのである。

謙虚さ、ナルシシズムの制限、自己の損傷というこれらの特徴は、どのような惚れ込みにも見られるものであり、極端な場合にはこれらの特徴だけが強まり、その人の性感的な要求が退けられてしまうために、こうした特徴だけが支配的なものとなるのである。

自我理想の代用になる対象

満たされない不幸な愛の場合には、とくにそうした結果になりやすい。というのは性的な欲望が満たされるならば、性的な過大評価は必ず弱まるはずだからである。自我が対象に「献身する」ようになれば、それはもはや抽象的な理念に対する昇華された献身とは区別できないものとなり、自我理想に割り当てられていた機能が完全に働かなくなる。

自我理想の審級が行使するはずの批判はまったく沈黙してしまい、対象が望むことや行うことはすべて正当で非難の余地のないものとなる。対象の利益となる物事については、その人の良心がまったく適用されなくなるのである。このようにして愛に目がくらんだ人は、罪を犯しても悔いることがなくなるほどである。このような状態は、対象が自我理想の代わりになったと表現することができよう。

同一視と惚れ込みの違い

同一視と極端にまで発達した惚れ込み（これは呪縛とか恋の奴隷などと呼ばれることが多い）との違いは、たやすく記述することができる。同一視の場合には自我は対象の特性によって自らを豊富にする。フェレンツィの表現を借りれば、自我は対象の特性を自分のうちに「取り入れた」のである。これに対して惚れ込みの場合には自我は貧しくなり、対象に身を捧げてしまう。そして対象を自分のもっとも重要な部分の代わりにしてしまうのである。

ただし詳しく考察してみると明らかになるように、このような説明は実際には存在していない対立関係を描いてみせたものにすぎない。問題は経済論的にみて自我が貧しくなったか豊かになったかではないのである。というのも極端な惚れ込みにおいても、自我が対象を取り入れていると記述することは可能だからである。おそらくもっと別の区別のほうが本質的なものであろう。

同一視の場合には、対象は失われているか放棄されている。しかしその後で自我が対象を自らのうちで作り直すのであり、自我は失われた対象を手本として、部分的に変化するのである。ところが惚れ込みの場合には対象はそのままで維持されているのであり、自我は自らを犠牲にして対象を過剰に備給（過大評価）するのである。

ただしこの考え方にも疑念がある。同一視の場合には対象へのリビドーの備給が放棄されるというのは確実なことなのだろうか、対象を保持しておいてそれと同一視するということがありえないのだろうか。この微妙な問題を考察する前に、わたしたちの前に次のような洞察が浮かび上がってくる。すなわちここまで検討してきたような同一視か惚れ込みかという対比よりも、むしろ対象は自我の代わりになるのか、それとも自我理想の代わりになるのかと問いかけるほうが、この問題の本質を明らかにするのではないかと思われてくるのである。

催眠

さらに惚れ込みと催眠状態にはそれほど大きな違いはないことは明らかであり、どちらにも明確な共通点が存在している。自我は催眠術をかける人に対しても愛の対象に対しても同じように隷属し、服従し、無批判に従う。どちらにおいても自分自身の自主性は失われているのである。

催眠術をかける人が相手の自我理想の位置を占めていることは疑う余地がない。催眠状態ではこの状態が明らかであり、さらに強められている。そこで催眠状態を惚れ込みから説明するよりも、惚れ込みを催眠状態から説明するほうが目的に適っていると思われる。

催眠術をかける人は、相手にとって唯一の対象となっているのであり、催眠術をかける人を除くその他の対象には、まったく注意を向けられてもいないのである。催眠術をかける人が要求したり主張したりするものを、自我は夢うつつの状態で体験する。このことからわたしたちは、自我理想の働きのうちに、現実を吟味する働きが含まれているということを指摘し忘れていたことを思い出すのである。[*36] 普通であれば現実を吟味する役割を担うはずの心的な審級が、ある知覚を現実のものであると保証してしまえば、自我がその知覚を現実のものと考えても不思議ではない。［惚れ込みが昂じて］制止されることのない性的な目標の追求がまったく行われなくなれば、このような現象が極端に純粋な形で現れてくることがある。すなわち催眠状態は、性的な満足を充足することをいささかも求めずに、惚れ込みが無制限に献身を求めるような状態である。一方で惚れ込みの場合には、性的な満足を求める営みは一時的に抑えられているものの、背景にとどまっており、いずれそれが目標となる可能性も残されているのである。

催眠と集団形成および惚れ込みとの違い

あるいは次のように表現することができるかもしれない。催眠がかけられた状態とは、二人での集団形成である（このような表現が認められるとして）。すなわち催眠状態というものは、集団形成の適切な比較対象ではないのである。というのも催眠はむしろ集団形成と等しいものと考えるべきだからである。

催眠においては、複雑な集団の構造のうちの一つの要素、すなわち集団の指導者に対する構成員の態度という要素を取り出してみせているのである。催眠には〈二人の〉集団という数の制限があることによって、集団形成とは区別される。そして催眠では直接的な性的追求が行われないことによって、惚れ込みとは区別されるのである。このように考えるならば催眠は、集団形成と惚れ込みとの中間にあると言えるだろう。

目標を制止された性的な追求が、人間相互のあいだで持続的な結びつきの関係を生み出すものであるということは興味深いことである。ただしこれは次の事実からすぐに理解できる。目標を制止された性的な追求は、完全な満足を実現することはできないが、目標を制止されていない性的な追求は、性的な目標が実現されるとそのつど発散されてしまい、その強さが大幅に低下するのである。性感的な愛情は、満足がえられると消滅する定めにある。それが永続的に維持されるためには、純粋に情愛的な要素、すなわち目標が制止された要素が最初からそなわっているか、あるいはそうしたものを目指す方向へと転換していかなければならないのである。

催眠の謎

　このようにして催眠によって、集団のリビドー的な構成の謎をあっさりと解くことができるように思われたのだが、催眠状態には、直接的な性的追求が含まれていない惚れ込みという、これまでの合理的な説明によっては解明できないものが含まれている。催眠にはまだ理解されていない神秘的と思われるような多くの要素が含まれているのである。たとえば催眠には力の強い者と弱い者の関係、すなわち力の強い者が寄る辺なき者を麻痺させるという要素が含まれている。これは動物が恐怖に襲われた時に催眠状態に陥るのと同じようなものである。このような催眠がどのように生まれるのか、催眠状態と眠りはどのような関係にあるのかは明らかではない。また催眠術にかかりやすい人とまったくかからない人の違いが存在することは、まだ知られていない要因があることを示している。この要因は催眠の中で現実のものとなるのであり、催眠におけるリビドー的な態度の純粋さをもたらすものとなるのであろう。

　また催眠術をかけられた人は、その他の点においてはごく従順に振る舞うにもかかわらず、道徳的な良心がしばしば抵抗することも注目に値する。ただしこれは、普通

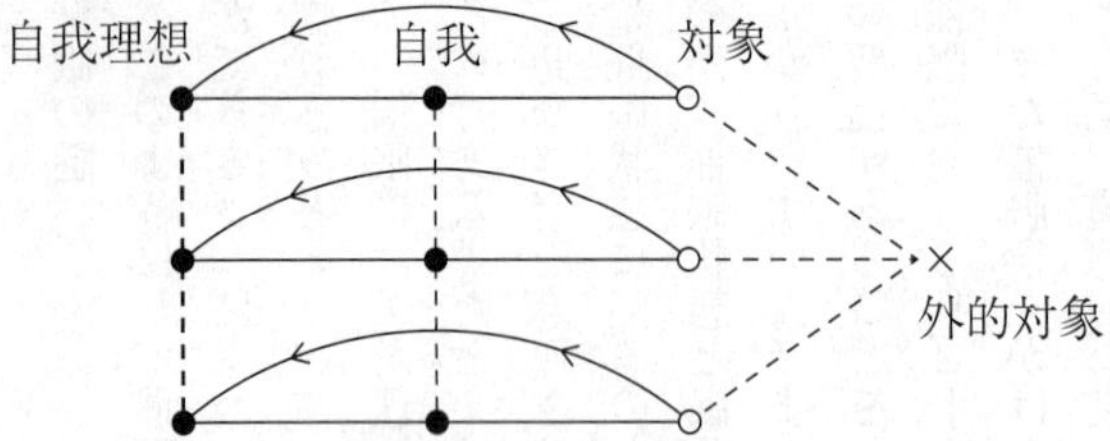

に行われる催眠においては、それがお遊びにすぎないという自覚が、すなわち催眠とは、人生にとって重要な意味をもつ状況を虚構のような形で作り出すものであるという自覚が残っているからかもしれない。

集団のリビドー的な構成について

これまで検討してきたことによって、集団のリビドー的な構成についてまとめることができるようになった。少なくともこれまで考察してきたような集団については、すなわち一人の指導者が率いる集団であって、過剰なまでの「組織化」によって二次的に個体の特性が獲得されるようなことのない集団については次のようにまとめることができる。

このような一次集団とは、同一の対象を自我理想とすることによって、たがいの自我が同一視し合うような個人の集まりである。この状況は次の図のように示すことができるだろう。

九　群衆欲動

新たな異論

ただしこのようにまとめたことで集団の謎を解決できたと考えるとしても、それは束の間の幻想にすぎない。わたしたちが説明したのは、まだ未解決なところの多い催眠の謎についてである。このように警告されるとわたしたちはすぐに不安になってしまうのである。ところがここで別の異論が提起され、それによってわたしたちがこれから進むべき道が示されるのである。

わたしたちは集団のうちに豊かな情動的な結びつきが存在しており、これによって集団のもつ性格の一つが十分に説明されたと考える。この性格とは、集団に所属する個人において、自律性と主体性が失われること、集団の個人とその他の集団の構成員の反応が同じものになること、すなわち個人が集団的な個人へと転落してしまうことである。

しかし集団については全体的にみるともっと多くの特徴がある。ル・ボンは集団について次のような特徴を印象深く描き出している。すなわち個人の知的な作業能力が低下すること、情動が制御できなくなること、自制したり猶予したりする能力が失われること、感情の表現において限界が失われ、すべてを行動の形で完全に発散しようとする傾向などである。これらの特徴は、集団に所属する個人の精神活動が、成長の初期の段階に退行していることを明確に示すものである。このような特徴は、未開社会の人々や子供たちにみいだしても意外ではないようなものである。このような退行は、集団一般の本質に属するものであるが、よく知られているように、高度に組織化された人為的な集団では、このような退行はかなり防ぐことができるのである。

集団の構成員相互の暗示の力

このようにしてわたしたちが確認することのできる特徴は、個人の感情的な動きや人格的で知的な行為が非常に弱まり、単独では効力を維持することができず、他人が同じようなやり方で繰り返すことによって、どうにか強化されうるような状態に落ち込んでいることにある。ここでわたしたちが思い出さざるをえないのは、このような依存現象が人間社会の正常な構成要素となっているということ、人間社会においては独創性とか個人的な勇気のようなものがきわめて乏しいこと、そして人種的な特性とか身分による偏見とか世論のようなものに示される集団精神の立場に、個人が支配されることがきわめて多いということである。

暗示的な影響というものが、たんに指導者から個人に与えられるだけではなく、集団のうちの個人から別の個人にも行使されるものであることを考えるならば、こうした暗示的な影響の謎はさらに大きなものとなる。そしてわたしたちはこれまで指導者と個人の関係をあまりに強調しすぎて、集団の構成員相互のあいだで生まれる暗示の要素を不当なまでに無視してきたのではないかと、自責の念に駆られるのである。

このようにしてわたしたちは謙虚になって、もっと簡単な立場から説明してくれる人々の声に耳を傾けたいと考え始める。このような人の声として、W・トロッターの群衆欲動についての優れた考察に、耳を傾けてみよう。ただしこの書物においては、第一次世界大戦によって生み出された反感が完全には克服されていないという短所がある。[*37]

群衆本能とは

トロッターは集団において認められる精神現象を、人間にもその他の動物にも生得的なものとして共通に存在していると考えられる群衆本能のうちに見出している。この群衆本能とは、生物学的には多細胞性から類推したものであり、それが延長されたものとみなされている。リビドー論的に考えれば、あらゆる同種の生物には、上位の包括的な統一体のうちに統合されたいというリビドーから生まれる傾向が、広範にみられる。[*38] 個人は一人でいると自分が不完全な存在であると感じるものである。幼児の感じる不安もまた、このような群衆本能の表現であるとされている。群衆に対して反抗することは、群衆から離反することであるため、個人は不安を感じてこのような離反を避けようとするのである。また群衆はすべての新規なものや、見慣れないものを拒否する。群衆本能は人間にとって原初的なものであり、それ以上は分解することができないものなのである。

トロッターの群衆本能論の特徴

トロッターは人間にとって一次的な欲動あるいは本能として、自己主張の欲動、栄養摂取の欲動、性的欲動、群衆欲動などがあると考えている。最後の群衆欲動は、ここに挙げられたその他の欲動と対立することが多い。群衆を形成する動物には、罪の意識と義務感がみられるという特徴がある。精神分析において自我のうちに抑圧する力が存在することが示されたが、トロッターはこの抑圧する力も群衆本能によるものであると主張する。そして精神分析において治療の際に医者が経験する患者の抵抗も、こうした群衆本能によるものと考えているのである。言語が存在するのも、群衆となった人間たちのあいだの相互理解に役立つためであり、群衆の中の個人が同一視されるようになるのも、多くはこの言語の力によるものであるとトロッターは主張する。

ル・ボンが主に取り上げたのは、ごく一時的な形で形成される集団であり、マクドゥーガルが検討したのは、安定した社会化された集団であった。ところがトロッターが注目したのは、社会的な動物《ゾーオン・ポリティコン》としての人間が生きているもっとも一般的な結びつきとしての集団であり、こうした集団の結びつきの心理的な根拠を示そうとしたのである。

トロッターはこの群衆欲動を人間にとって原初的なものであり、それ以上は分解することができないものとみなしたために、群衆欲動を何か別のものから導きだす必要は感じなかった。ボリス・サイディズは群衆欲動を、人間の暗示されやすさから導き出したのであるが(11)、トロッターはこのようなことは不必要なことだと考えている。この説明は、たしかによく知られているが満足できないモデルを使った説明であり、この説明とは反対に、暗示へのかかりやすさが群衆本能から生まれるのだと考えるほうが、わたしにははるかにわかりやすい。

トロッターの議論の欠点

ただしトロッターの主張に対しては、その他の人々の主張に対して以上に、次のような異議を唱えることができる。すなわちトロッターの議論では、集団における指導者の役割がほとんど無視されているのである。わたしたちはそれとは反対に、指導者の役割を無視しては、集団の本質を理解することはできないと考えている。そもそも群衆本能の理論では指導者にいかなる意味もみいだしていない。指導者は偶然に集団に加わるものとみなされている。

さらにトロッターの群衆欲動の理論からは、神を必要とする人々の気持ちが説明できない。この群衆には羊飼いが存在しないのである。

トロッターの議論は心理学的にも批判することができる。群衆欲動は分解できないものではないし、自己保存欲動や性的な欲動が原初的なものであるのとは違って、群衆欲動は人間にとって原初的なものではないと考えることができる。

群衆欲動の発生プロセス

人間の個体において群衆欲動がどのように発生してきたかというプロセスを追跡するのは、もちろんたやすいことではない。トロッターは、子供が一人で放置されたときに感じる不安をこの群衆欲動によって説明しようとしたが、もっと別の解釈のほうが適切であろう。この不安は母親に向けられているのであり、のちの段階ではもっと別の親しい人に向けられるのである。これは子供が感じる思慕の気持ちが満たされなかったときに生まれるものであり、子供はこれを不安として表現するしかないのである*39。

孤独な状態に置かれた子供の不安は、「群衆の中に」いる別の人と接して鎮められるようなものではないし、むしろこうした「見知らぬ人」が近づいてくる時にこそ、初めて生み出されるものである。だから子供には長い期間にわたって、群衆本能も集団感情もみられないのである。このような欲動や感情は、複数の子供たちが同じ部屋の中で共同生活をするうちに、両親に対する子供の関係から作り出されるものである。

これは年上の子供が年下の子供に感じる最初の嫉妬の感情から、その反動として生まれるものなのである。年上の子供は、自分の後に生まれた年下の子供を嫉妬の感情によって排除しようとし、両親から遠ざけて、あらゆる要求権を奪いたいと思っているのである。ところがこの年下の子供も、その後に生まれるすべての子供も、両親によって同じように愛されることを知らされて、年上の子供は年下の子供に対して敵対的な態度を示しつづけると自分が不利になると悟り、自分を年下の子供と同じような存在とみなすことを強いられるのである。このようにして子供たちのあいだに集団感情あるいは共同体感情が生まれる。こうした感情はその後に学校生活のうちでさらに強められることになる。

この反動形成が最初に要求するのは、すべての者が公平かつ平等に扱われることである。この要求は学校において特に明瞭かつ純粋に現れるものである。自分が特別に贔屓されないのであれば、他の誰も贔屓されてはならないと考えるのである。

子供部屋や教室において、こうした嫉妬の感情が集団感情によって変形され、置き換えられることは信じがたいかもしれないが、やがては同じような状況においてこうしたプロセスが発生することが観察されれば、納得してもらえるに違いない。歌手やピアニストが演奏した後で、魅惑されてその周囲に群がる熱狂的な女性たちや少女たちのことを考えていただきたい。

たしかに彼女たちはそれぞれが、嫉妬の念に燃え立たんばかりである。ところが彼女たちは自分の嫉妬の相手の数が多いことに気づき、そのため自分の愛情の目標を達成するのが不可能であることを理解し、その実現を断念するのである。そしてたがいに相手の髪を掴み合うのではなく、一体になった集団のように行動し、共同の歩調を取って憧れの男性を祝福し、彼の巻き毛を分け合うことで喜ぶのである。彼女たちはもともとはたがいに恋敵であったのだが、同じ対象に対する同じ愛によって、たがいに同一視することができるようになったのである。

よくあることだが、特定の欲動はその状況においてさまざまな道筋を進むことができるのであり、そのうちである種の満足が獲得できると見込める道筋が選ばれ、それと類似したものであっても、現実の状況から判断して目標が達成できないと考えられるような道筋は途中で放棄されてしまうのは、驚くべきことではないのである。

嫉妬と集団精神

のちの段階になって社会のうちで集団精神などの形で働くものもあるが、こうしたものも根源的な嫉妬から生み出されたものであることは否定し難い。誰もがでしゃばろうとしてはならないし、誰もが同じような存在であり、同じようなものをもっていなければならない。社会的な公正というものが意味するのは、自分は多くのものを断念するのであるから、他の人もそうしたものを断念しなければならないということであり、これを言い換えれば、他の人はそれを要求してはならないということである。このような平等の要求こそが、社会的な良心と義務感の根源なのである。

精神分析によって意外なことに、梅毒患者が自分の疾患を感染させるのではないかと懸念する不安のうちに、これと同じような要求が存在することが明らかになった。この哀れな人々は、自分の病を他人に伝染させたいと無意識のうちに願っているのであり、この願いに抵抗しているのである。というのも自分だけがこの病に感染し、多くの人々から仲間外れにされているのに、他の人はどうしてこれに感染しないのかと疑問に感じているのである。［二人の子供の母親であると自称する二人の女性の争いを調停した」ソロモンの判決の美しい逸話も、これと同じ核心をそなえている。片方の女性の子供が死んでしまえば、他方の女性もその子供を生きたままでもつことはできないはずだと願うという根拠から、判決を下したのである。このような欲望をもっているかどうかによって、自分の子供を奪われたほんとうの母親が誰であるかが、判定されたのである。

同一視と平等化

このように社会的な感情というものは、最初は敵意を含んでいた感情が、同一視の性格をそなえた肯定的に強められた結びつきの感情へと転化することによって生まれるものである。わたしたちがこの成り行きを考察してきた限りにおいては、集団外の一人の指導者に、集団内の人々が共通した情愛をもつことによって結びつきが生まれるために、このような感情の転化が発生するものと考えられる。

これまで行ってきた同一視の分析は、十分に深められたものではないと思われるが、わたしたちの現在の目的からみて、一貫した形で平等化の遂行が要求されることを確認しておけば、それで十分であろう。わたしたちは教会と軍隊という二つの人為的な集団について検討した際に、そのような集団が生まれるための前提は、集団を構成するすべての人々が一人の人間によって、すなわち指導者によって平等に愛されることであるのを確認してきた。

しかしここで忘れてならないのは、集団内の平等化の要求は、集団を構成する個人だけにあてはまるものであり、指導者には適用されないということである。集団を構成するすべての個人はたがいに平等でなければならないが、これらのすべての人は一人の指導者によって支配されることを望むのである。生命力のある集団の内部で実現されているのは、たがいに同一視し合うことのできる多くの人々が集団を構成し、それらの人々を彼らすべてに優越する人物が指導するという状況である。トロッターは人間は群衆動物であると定義したが、むしろ人間は群族を作る動物であると定義すべきだろう。人間は一人の指導者によって統率されている群族の中の個体なのである。

一〇　集団と原始群族

原始群族の仮説

わたしは一九一二年に［『トーテムとタブー』において］、チャールズ・ダーウィンの推測に従って、人間社会の原始的な形式は、一人の強力な男性によってほしいままに支配された群族であると考えた。そしてわたしは、この群族の運命は人間が遺伝的に受け継いだ歴史の中に、破壊することのできない痕跡を残していること、とくにトーテミズムには宗教や道徳や社会組織の端緒が含まれているのであり、こうした群族を指導する人物が暴力的に殺害され、家父長制の群族から兄弟愛的な共同体に転換されるプロセスと、トーテミズムの発展が結びついていることを明らかにしようとした。[*40]

ただしこれはたんなる仮説であり、先史時代の学者たちが原始的な時代の暗闇に光を当てようとする際に利用する多くの仮説の一つにすぎない。機知に富んだあるイギリスの批評家はこうした仮説を、おもしろおかしく「いかにもそれらしい物語」と呼んでいるのである。ただしこのような仮説が新たな領域に対する関連と理解をつねに深めてくれるものであれば、それは名誉あることと考えられる。

原始群族の特性

人間の作る集団もまた、同等な人々が作る群れの中に、一人の強力な指導者が存在するというイメージを繰り返し示してきたが、このイメージは原始群族についてのわたしたちの観念にも含まれている。すでに繰り返し述べてきたが、この集団の心理状態は、個人の意識的な人格が失われ、すべての人々が思考と感情を同じ方向に向ける傾向があり、情動性と無意識的な心の動きが優位に立ち、何らかの意図を思いつくとすぐにそれを実行しようとする傾向があるなどの特徴をそなえている。これらはすべて原始的な精神活動に退行した状態にふさわしいものであり、そのまま原始群族の特徴と言ってさしつかえない[*41]。

集団と原始群族

このように集団とは、現代において原始群族が蘇ったもののように思われる。現代のあらゆる個人のうちにも原始人が潜在的に存在していて、人々が任意に群れるとそこに原始群族が再現される。集団の形成が習慣的に人間を支配するものである限り、そこに原始群族が生き延びているのである。わたしたちは集団の心理とは、もっとも古い時代の人間の心理であると言わなければならない。わたしたちが集団の名残をすべて無視して個人の心理として取り出していたものは、もともとの集団心理から後の段階になって初めて徐々に、しかも部分的に取り出したものにすぎない。いずれわたしたちはこの発展の出発点を明らかにするつもりである。

ここでは、こうした主張をどこまで訂正する必要があるかを検討することにしよう。そもそも個人心理は集団心理と同じくらい古いものであると考えられる。というのも最初から二種類の心理が存在していたのである。一つは集団の中の個人の心理であり、もう一つは父親、首領、指導者の心理である。古い時代にあっても集団の中の個人は現代と同じように他の人々との結びつきをもっていたが、原始群族の父は自由だった。

原始群族の父の知的な行為は個人としても強力で独立したものであって、彼の意志は他人の意志によって強められる必要がなかった。したがってわたしたちは彼の自我がリビドー的にはほとんど拘束を受けていなかったということ、彼は自分以外の誰も愛さなかったということ、彼が他人を愛するのは、その他人が自分の要求に奉仕する場合に限られたということ、これらのすべてを当然のこととして認めなければならない。彼の自我は対象に余計なものをつけ加えることはなかったのである。

超人としての指導者

集団のこの指導者は人類史の最初の時期にあっては、ニーチェが未来に登場すると期待していた超人のような存在であった。現代でも集団を構成する個人は、指導者から同等にそして公平に愛されているという虚構を必要としている。しかし指導者自身は他人を愛する必要はないのであり、主人としての性格をそなえていればよいのであって、完全にナルシシズム的でありながら、自信に満ちた自律的な存在であればよいのである。わたしたちの知るところでは、愛はナルシシズムを抑制するのであり、この働きを通じて愛は文化を作り出す要因となったのである。

原始群族の原父を受け継いだ息子たちの心理

原始群族の原父はまだ不死の存在ではなかったのであり、神化されたのちに初めて不死の存在になったのである。原父が死んだ時には、誰か別の人がその地位を継がなければならなかった。その地位を継いだのはおそらく原父のもっとも年少の息子だったと考えられるが、この息子もそれまでは他の人々と同じように集団の中の一人の個人にすぎなかった。だからここで集団の心理を個人心理に変形させることが可能でなければならないし、そのような変形を容易に実現することのできる条件をみいださなければならない。それは蜜蜂の群れにおいては、必要であれば幼虫から働き蜂を育てるのではなく、幼虫から女王蜂を育てることができるのと同じようなことである。

これについて想像できるのは、原父は息子たちの直接的な性的な追求が満足されることを妨げて、彼らに禁欲を強制していたということ、そして自分と息子たちのあいだに、そして息子たち同士のあいだに、制止された性的な目標の追求から生じうる感情的な結びつきを作り出すことを強制していたということである。原父はいわば息子たちに集団心理を強要していたことになる。そして原父の性的な嫉妬と非寛容とが、究極的には息子たちのあいだで集団心理を作り出すことになったのである。[*42]

原父の後継者になった人物は性的な満足を追求することができるようになり、それによって集団心理の条件から逸脱できるようになった。この人物は自分のリビドーを女性に固着させることができ、自分の性的な欲望を延期せずに、滞積させせずに満たすことができるようになる。そのために目標を制止された性的な追求の意味が失われ、ナルシシズムはつねに同じような高さにまで強められることになった。この論文の補足の部分で、性格形成に対してこのような愛がもつ関係をふたたび考察することにしよう。

原始群族を形成するメカニズム

人為的な集団が、強制的な方法によらずにバラバラにならないために利用している方法と、原始群族の構成がどのような関係にあるかを考察することは、とくに大きな示唆を与えるものと思われる。すでに明らかにしたように軍隊や教会では、指導者はすべての個人を同等に、公平な形で愛するという虚構が信じられていることが、集団をまとめ上げる方法として利用されているが、これは原始群族の置かれた状況を、できるだけ理想的な形で改造したものにほかならない。

原始群族において息子たちは、自分を含めた誰もが同じように原父から迫害されているのを知っているし、誰もが同じように原父を恐れている。人間の集合の発展における次の段階といえるトーテム的な氏族でも、このような改造を前提としているのであり、あらゆる社会的な義務はこれに基づいているのである。自然の集団である家族が永続的な強さをそなえているのは、父親がすべての成員を愛しているというこの不可欠な前提が、家族においては現実に当てはまるからである。

催眠と原始集団

わたしたちは集団を原始群族に還元することによって、さらに多くのことを学ぶことができる。集団の形成についてまだ理解されていない神秘的なものを、すなわち催眠や暗示という謎のような言葉のうちに隠れているものを解明することができると期待されるのである。そしてわたしはこの期待が実現されると考えている。

催眠はどこか直接に不気味なものという性格を帯びていることを想起しよう。この不気味さという性格は、何らかの古く衰弱した、しかも馴染みのものが抑圧されていることを暗示するものである。*43 催眠術はどのように行われるのだろうか。催眠術をかける者は、催眠をかけようとする相手から、その意志を奪う神秘的な力をもっていると主張する。あるいは同じことであるが、催眠をかけられる人はそのように信じているのである。この神秘的な力というものは、現代でも動物磁気と呼ばれることがあるが、これは原始人がタブーを作り出す源泉となっていたものと同じであるに違いない。

この力は王や首長たちから発せられるものであり、こうした人々に近づくことを危険だと感じさせるものである（マナ）。

催眠術をかける人物は、自分にこのような力がそなわっていると考えているわけだが、それをどのように現すのだろうか。そのために相手に自分の目を見るように命じるのであり、典型的な方法ではこの目の力によって催眠をかけるのである。

ところで原始人にとっては、首長を目でじかに見ることは危険で、耐えがたいことであった。これはのちの時代にあって人間が神を見ることが危険で、耐えがたいことであったのと同じことである。モーセは自分の民族とヤハウェを仲介する人物にならねばならなかったが、それは民が神を見ることに耐えることができないからである。そしてモーセが神の前から戻ってくると、顔が輝いているが、それは原始人の仲介者[*44]の場合と同じように、「マナ」の一部がモーセの上に移ったからである。

催眠における転移の働き

もちろん他の方法によっても催眠をもたらすことはできるが、そのことが誤解を招いて、不十分な生理学的な理論を生み出すきっかけとなった。たとえば光るものを見つめたり、単調な音を聞き続けたりすることによって催眠がかけられるとされているが、実際にはこのような操作は注意力を意識的に逸らせたり、固定させたりするのに役立つだけである。それは催眠術をかける人が相手に「さあ、あなたはわたしにだけ注意を集中してください。ほかのことはすべて忘れてください」と語り掛けるようなものであり、これと状況は同じなのである。

催眠術をかける者がこのように語り掛けるのは、技術的には拙劣なものであろう。催眠術をかけられる人がこのように語り掛けられると、無意識的な態度から離れて、意識的に反抗したくなるに違いない。ところが催眠術をかける者が、相手の意識が自分の意図するものに向かわないようにさせて、自分にとっては世界のことなどどうでもよいと考えるような状態に没入させることができれば、その人は実際に無意識のうちに、自分のすべての注意を催眠術をかける者に集中させているのであり、それによって催眠術をかける者とのあいだにある種の交流が生まれ、転移が発生するようになるのである。

すなわち機知の多くの技術と同じように、催眠術をかける間接的な方法は、心のエネルギーが分散して無意識的なプロセスの流れが乱されるようなことがないようにするという効果を利用するのである。これは結局のところじっと見つめたり、相手を撫でたりすることによって直接に影響を与えるのと同じことを目指しているのである。[*45]

二種類の催眠

フェレンツィは、催眠術をかける人は催眠を導入するために、相手に眠るようにという暗示を与えるが、そうすることで相手にとって両親の立場に立っていることを正しく見抜いている。フェレンツィは催眠には二種類のものがあると考えた。一つは相手の機嫌をとって慰めるような催眠であり、これは母親を手本にした催眠である。もう一つは相手を威嚇するような催眠であり、これは父親を手本にした催眠である。[*46] 催眠において眠ることを命じるのは、相手があらゆる世界から関心を切り離して、催眠術をかける人物に注意を集中することを求めるためである。そのことを催眠をかけられる人自身もよく理解している。というのも外界から関心を引き離すことは、眠りの心理的な特徴であるからであり、この特徴のために眠りと催眠は近い関係にあるのである。

催眠と原始群族の類似性

このようにして催眠術をかける人は、相手のうちに古代からの遺伝的な資質の一部を呼び覚ますのであるが、この遺伝的な資質は両親に対して現れていたものであり、父親との関係のうちで個人的に再生されていたものである。すなわちこれは強力で危険な人格についての観念であって、そのような人格に対しては受動的でマゾヒズム的な態度をとることしかできず、この人物に向かうとその人は自分の意志を失わずにはいられないのである。このような人物と二人きりになって、「相手と直接に向き合うこと」は、容易ではない冒険のようなものと感じられたのである。

原始群族の個人がその原父に対して示した姿勢も、ほぼこのようなものであったと想像できる。その他の反応からも明らかなように、個人がこのような古い状況をどの程度まで再現できるかは、その人の適性によって違いがある。それでも催眠はやはりたんなる遊びにすぎないし、古い時代についての印象が嘘っぽい形で再生されたものにすぎないという知識は失われていない。そしてこの知識は、催眠のもたらす意志の廃棄が、あまりに重大な結果をもたらす事態が起こることを防ぐ役割を果たしているのである。

催眠と暗示

暗示という現象のうちには、集団形成のもつ不気味で強制的な性質が示されているのであって、それが原始群族に由来するものであるのは確実なことと考えられる。集団の指導者は相変わらず人々が恐れている原父なのであり、集団はつねに無制限な暴力によって支配されることを望んでおり、強い権威中毒にかかっているのである。ル・ボンの言葉を借りれば、集団は圧政を渇望しているのである。原父は集団の理想であり、自我理想に代わって自我を支配することになる。催眠は二人による集団と呼ばれることがあるが、これは正当なのである。すると暗示を定義するとすれば、知覚や思考の働きによってではなく、エロス的な結びつきによって基礎づけられた思い込みということになるだろう。*47

一一　自我の一つの段階について

恒常的な集団形成と一時的な集団形成

集団心理に関してはさまざまな著者がたがいに補足し合うような叙述を行っていたことを思い返しながら、現代の個人が生きている生活を振り返ってみると、以下で示すような複雑さを前にして、これを総合して記述しようとする勇気を失ってしまいかねない。

それぞれの個人は多数の集団に参加し、そうした集団の構成要素となっているのであり、同一視によってたがいに多面的に結びついている。個人はその自我理想をさまざまな手本によって作り上げる。また個人はその人種や身分や信仰団体や国家など、多くの集団精神に加わっているとともに、それを超えたところで、ある程度の自律性や独創性を発揮することができる。

ル・ボンは短時間で形成された一時的な集団の集団精神について詳細な心理学的な特徴を描き出したのであるが、これと比較すると、このような個人における恒常的で持続的な集団形成は、一定の影響が長い期間にわたって維持されるという点で観察しにくいものである。ル・ボンの描き出したこうした一時的な集団は、騒々しく、短期間だけのものであって、いわば他の集団にかぶさるようにつけ加えられたものである。わたしたちが個人が発達する中で構築された教養とみなすものが、短い時間ではあっても跡形もなく消え失せてしまうという不思議が起こるのは、こうした一時的な集団のうちにおいてなのである。

指導者の資格

わたしたちはこの不思議について、それぞれの個人は自分の自我理想を放棄してしまって、指導者のうちに具体化された集団理想とそれを交換してしまっているのだと理解したのである。ところでこうした不思議はすべての場合に同じ程度に起こるものではないことを確認しておくべきだろう。というのも多くの個人において、自我と自我理想はそれほど明確に分離していないために、この二つがすぐに結びついてしまい、自我がかつての未発達なナルシシズム的な自己満足を抱きつづけることが多いからである。このような条件がそなわっていると、集団のうちから指導者を選び出すのは、きわめて容易になる。すでに述べたような典型的な個人的な特性を際立って純粋かつ明確な形でそなえている人物が、偉大な力とリビドー的な自由をそなえているという印象を与えることができれば、そうした人物は指導者として選び出されるのである。

すでに集団のうちには強力な首長をもちたいという要求が存在しているために、自然にこうした人物を指導者として迎えるのであり、本来であればその資格がないような巨大な力を、その人物に与えてしまうのである。普通であれば自分の自我理想をそうした人物の人格のうちにそのまま置き入れてしまうようなことをしない人々も、このような場合には「暗示」にかかりやすくなって、同一視に巻き込まれてしまうのである。

自我と自我理想の分裂

わたしたちは集団のリビドー的な構造を解明する上で、自我と自我理想との区別という考え方と、こうした区別によって可能になった二つの結合様式、すなわち同一視による結びつきと、対象を自我理想の代理にするという二つの結合様式が重要なものであることを明らかにしてきた。

自我分析の第一段階として、自我にはこのような段階が存在するという仮定は、心理学のさまざまな領域において、次第にその正しさが証明されることになるだろう。わたしは「ナルシシズム入門」[*48]という論文において、さしあたり病理学的な素材を利用しながら、このような自我の区別を裏付けることのできる材料を提示したのである。しかし精神病の患者の心理学をさらに深めて行くならば、このような区別の重要性がさらに大きなものであることが明らかになると期待できる。

ここで考えていただきたいのは、自我が今や対象と自我理想との関係に、しかも自我のうちから生まれてきた自我理想との関係に入り込んできたということである。自我の内部のこの新しい舞台においては、外的な対象と全体的な自我のあいだに存在することが神経症理論のうちで確認されてきたすべての相互的な関係が反復されることが十分に可能となったのである。

自我の分化

わたしはここでは、この観点から可能になった結論のうちのただ一つだけを考察するにとどめたいが、これによってほかのところでは未解決のままにしておかねばならなかった問題の考察をさらに深めることができると考えられる。[*49]

わたしたちが明らかにしてきた心の働きの分化は、そのどのような働きによっても心の機能に新たな困難をもたらし、機能を不安定にし、機能が停止したり病気になったりする原因となりうるものであった。わたしたちは、人間が生まれるとともに絶対的な自己満足にまどろんでいたナルシシズムの状態から離れて、変化しつづける外界を知覚するようになること、やがて対象を発見するようになり、それとともにこうした新しい状態に長いあいだ耐えることができなくなったり、そうした状態を周期的に退行させて、睡眠中においてはそれ以前の刺激のない状態や、対象が不在な状態に戻ったりすることもありうることを確認したのである。

ただしその場合にもわたしたちは外界の示す合図に従っているのであり、外界は昼と夜と周期的に交替するため、外界から作用する刺激の多くをわたしたちから一時的に遠ざけてくれるのである。

ただし病理学にとって重要な第二の事例の場合には、このような制限に従うことはない。わたしたちは理論を発展させながら心をいくつかの部分に区別しようと努力して、まとまりのある自我の部分と、こうした自我の外部に存在する無意識のうちで抑圧された部分に区分したのである。ただしこのように新たに作り出された区分は不安定で、絶えず動揺しているものである。夢や神経症にあっては、自我から締め出されたものが自我のうちに入ろうとして、武装して守られている門を叩くのである。健康で目覚めている状態であれば、わたしたちは特別な技巧を使うことによって抵抗を回避しながら、こうした抑圧されたものを一時的に自我のうちに受け入れることで、快感を獲得しようとするのである。機知やユーモア、全体的にみて滑稽なものは、このような観点から理解することができるだろう。神経症の心理学に詳しい人であれば、同じような試みでそれほど効果のあがらない実例を思い出すことができるだろう。ただしわたしはここでは予定していた応用的な考察に進もうと思う。

祭りにおける自我理想からの解放

自我からの自我理想の分離が長続きせず、ときには元の状態に戻ることも十分に考えられることである。自我に対してはあらゆる種類の放棄や制限が課せられるが、こうした禁止が周期的に破られるのは通例のことである。これは祭りの制度に示される通りである。祭りとはもともとは法律で認められた放埒さであり、祭りにそなわる快活な性格は、この解放感によって生まれるのである。[*50]

ローマのサトゥルヌス神の祭りや現代の謝肉祭《カーニヴァル》は、その本質においては原始時代の祭りと同じようなものである。日常においては神聖なものとされている戒律に反して、ありとあらゆる放埒さにふけるのである。ただし自我理想は、自我が従うべきであるとされているすべての制限を含むものであるから、自我理想が廃棄されることは自我にとっては素晴らしい祭りのようなものであるはずであり、そこにおいて自我はふたたび自己満足にふけることが許されるのである。*51

自我のうちに存在するあるものが自我理想と一致すれば、勝利感が生まれるだろう。罪悪感や劣等感は、自我と自我理想のあいだに存在する緊張関係によって理解することができる。

周期的な気分の変動

気分という一般的な感情が周期的に大きく変動し、過度のふさぎ込み状態からさまざまな中間状態を経て、高揚した爽快状態に移行するような人がいることはよく知られている通りである。この変動の大きさにはさまざまなものがあり、たんに兆候がみえる程度のものから、メランコリー（鬱状態）やマニー（躁状態）として、困惑したその人の生活を苦悩で満たしたり、攪乱したりするような極端な状態も存在する。この周期的な気分の変動の典型的な場合においては、外面的なきっかけは決定的な役割を果たすものではないようである。この種の患者の内的な動因を調べてみても、何も発見できないことや、とくにほかの人と違いのないものしかみつからないことが多い。そのような場合にはこれを心因性の疾患ではないと判断するのが通例である。これと類似したその他の循環的な気分転換のうちで、心的なトラウマによるものであることが明らかなものについては、いずれ検討するつもりである。

躁鬱病のメカニズム

このような自然発生的な気分の変化がどのような理由によるものであるかはまだ明らかではない。マニーによってメランコリーが解消されるメカニズムは、まだ解明されていない。そこでこうした患者については、わたしたちの次のような推測があてはまるのかもしれない。すなわちこの患者の自我理想がそれまでは厳しい支配権を振るっていたが、その後で一時的に自我のうちに解消されてしまったのではないかと考えられるのである。

曖昧な表現は避けて、自我の分析について間違いないと判断できることを述べるならば、次のように言えるだろう。すなわちマニー患者においては自我と自我理想が融合しているために、当人はいかなる自己批判によっても妨げられずに勝利と自己満足の気分に浸ることができ、あらゆる抑制や配慮や自己非難を停止させて、それを享受することができるのである。

メランコリー患者の惨めさは、自我の両審級が明確に異なる二つの部分に分裂したことによるものであり、過度に鋭敏な理想が、微小妄想や自己卑下という形で、自我を厳しく断罪するということは、マニーほど明確ではないとしても、十分に指摘できることである。ただし自我と自我理想の関係がこのように変質した理由については、すでに述べたような自我における新たな体制に対する周期的な反抗によるものであるのか、それとももっと別な原因が存在するのかについては、まだ解明されていない。

メランコリー的な抑鬱状態の病像においては、マニーへの急変は必然的に発生するものではない。単純な一回だけのメランコリーもあるし、周期的に反復されるメランコリーもあるが、これらがこうした急変を経験する運命にあるとは言えないのである。あるいはメランコリーが発生するきっかけが、その病の明白な原因となっている場合もある。たとえば愛する対象を失った後のメランコリーであり、愛する対象が死んだとか、愛する対象からリビドーを引き上げなければならないような事情が生まれた場合である。このような心因性のメランコリーは、外見からすると自然発生的なメランコリーと同じようにマニーで終わることもあるし、この循環が何度も繰り返されることもある。

これについてこれまでの精神分析的な研究では、メランコリーの少数の形態と症例しか考察されていない。[*52] わたしたちが理解できているのは、対象が愛するに値しないために、状況が明確になっていないために放棄された事例だけである。その後は捨てられた対象が同一視によって自我の中で再建され、自我理想によって厳しく裁かれるのである。このようにして対象に対する非難や攻撃は、メランコリー的な自己非難として現れるのである。[*53]

この種のメランコリーでもマニーに変化することがあり、この変動可能性がこの病像が示すその他の特徴とは独立した特徴となっている。

二種類のメランコリーのメカニズム

自我が自我理想に対して周期的に反抗するという観点から、心因性のメランコリーと自然発生的なメランコリーという二種類のメランコリーについて考察することは、たやすいことと思われる。

自然発生的なメランコリーにおいては、自我理想がとくに厳しく振る舞う傾向があり、そのため自我理想が一時的にではあるが、自動的に停止されると考えられる。心因性のメランコリーにおいては、自我理想が自我を虐待するために、自我が反抗するようになると考えられる。自我はかつて非難されていた対象と同一化しているために、自我理想から虐待されるのである。

一二　補足

この研究もようやく暫定的な結論を示すことができたが、これまでの考察の道筋には、さまざまな脇道が開かれている。わたしたちはこうした脇道をさしあたりは無視してきたが、詳しく考察すべき多くの問題が残されていた。これらについてここで簡単に振り返ってみることにしよう。

A

二つの集団

わたしたちは対象と自我の同一視について考察し、これが対象による自我理想の置き換えとどのように違うかを検討してきた。わたしたちが最初に研究してきた軍隊とキリスト教の教会という二つの大きな人為的な集団は、この区別を明らかにする上でも興味深い実例となっている。

軍隊における状況

兵士が上官である軍隊の指導者を理想とする一方で、同僚を自分と同一視しながら、自我におけるその共通性に基づいて、相互に援助し、もてるものを分かち合うという戦友同士の友愛の義務に導かれるのは明らかである。ここで兵士が自分自身を司令官と同一視しようとすれば、滑稽なことになる。ヴァレンシュタイン軍の兵士たちは、それが理由である軍曹を嘲笑したのだった。

隊長とそっくりに咳払いし、隊長とそっくりに唾を吐く
なんとお前は見事に隊長を真似たことか(12)

カトリック教会における状況

カトリック教会では事情が異なる。キリスト教徒はすべてキリストを自己の理想として愛しているのであり、同一視によって他のキリスト教信者と結ばれていると感じている。しかしキリスト教会は信者に、さらに多くのことを要求する。信者は自らをキリストと同一視しなければならないのであり、キリストが他の信者たちを愛したように、彼も他の信者を愛さなければならないのである。

このようにしてキリスト教会は二つの点で、集団形成によって実現されたリビドーの配置を補足することを求めている。すなわち教会は、信徒が対象選択を行う際に、そこに同一視をつけ加えることを求める一方で、神との同一視を行う際には、そこに対象への愛をつけ加えることを求めるのである。この追加的な要求は、たんなる集団

形成の必要性を越えたところまで進むようである。人は善きキリスト者になることはできるが、それは万人を愛によって抱擁するというキリスト自身の立場に立つという理念からは、ほど遠いものだろう。人間とはか弱い存在であって、救世主の精神の偉大さや愛の強さを身につけることができると思う必要はないだろう。しかし集団においてリビドーの配分がこのように発展したことが、キリスト教において高度の道徳性が実現されたという主張の基礎となっているに違いあるまい。

B

トーテム集団

わたしたちはすでに、集団心理から個人心理への進歩が、人類の精神的な発達の途上のどの時点において、実現されたかを述べることができるだろうと語っておいた[*54]。そこでわたしたちは原始群族における原父についての学問的な神話に戻らなければならない。原父が後の段階に世界の創造者にまで高められたのは当然のことであって、それは最初の集団を構成するすべての息子たちを生んだのは原父だったからである。

原父は息子たちにとっては理想であり、同時に息子たちから恐れられ、敬われた。ここからのちになってタブーの概念が生まれたのである。

ところがこれらの多数の息子たちが集まって団結し、父親を殺害して、死体を切り刻んだのだった。勝利者である息子たちのうちの誰も、原父の代わりになることはできなかった。原父の代わりになろうとすれば、また戦いが起こり、やがては彼らは誰も原父の遺産を受け継ぐことができなくなることを理解したからである。

このようにして彼らはトーテム的な兄弟の共同体を作り、この共同体の内部では誰もが同じ権利をもち、トーテムの禁止令によって結ばれていたのである。このトーテムの禁止令によって原父の殺害の記憶が維持され、それが贖われることになったのである。

ただしこのような成果にも不満が残されていて、それが新たな発展の源泉となった。兄弟の集団に所属している人々は、やがて新しい水準でかつての状態を再建しようと願うようになった。このようにして男性がふたたび家族の長となり、父親がいない時代に確立された女性支配の特権が破壊されたのである。

ただし男性はその償いとして母性神の信仰を認めたのであり、母性神の神官は、原始群族の原父の手本に習って、母親の安全のために去勢されたのであろう。ただしこうした新しい家族は古い家族そのものではなく、その影のようなものにすぎなかった。一人ではなく多数の父親が存在し、どの父親も他の父親の権利によってたがいに制限されていたのである。

神話時代の英雄の登場

その時点においては、集団から解放された個人は、父親の役割を自分で担いたいという憧れに満ちた不満によって動かされていたかもしれない。最初にこれを敢行したのは、叙事詩を書いた詩人であり、詩人の空想の中で一歩、前に踏み出したのだった。詩人はその憧れにふさわしいように現実を捻じ曲げ、英雄神話を発見したのである。英雄とは父親を自分一人の力で殺した人物であり、神話においてはなおトーテム的な怪物の姿で現れた。少年にとっては父親が最初の理想であったが、今や詩人は父親に取って代わろうとする英雄のうちに、最初の自我理想を創造したのである。

おそらくこの英雄の行為に習おうとしたのは、母親が可愛がっていた末っ子だろう。母親は父親の嫉妬からこの子を守っていたのである。そして原始群族においては、この末っ子が父親の後継者とされていた。原始群族の時代についての偽りを含む空想の物語においては、女性は戦いの褒美であり、殺人を唆す存在であったとすれば、この英雄神話の時代には罪を犯すことを誘惑し、煽動する存在となっていたのである。

この英雄は、原始群族が全体としてでなければ実行できなかった行為を、ただ一人で実行したことになっている。しかしランクの見解によると、このお伽噺には、そこで否定されたはずの事態の真相が、はっきりと痕跡を残しているのである。お伽噺にはよくあることであるが、困難な課題を解決しなければならない主人公は、多くの場合は末っ子であり、父親の代理となる人物の前では、愚かで危険のない者であるかのように装っていること。そしてこの主人公はミツバチやアリなどの小さな動物の助けを借りて、やっとのことで自分の課題を解決することができる。これらの小さな動物は、夢の象徴において昆虫や害虫が兄弟たちを意味するように（こうした昆虫や害虫は軽蔑的な形で小さな子供を意味するのである）、もともとは原始群族の兄弟たちを示していたのだろう。神話やお伽噺の中で主人公に課せられる課題が、英雄的な行為の代理とされていることはすぐにわかることである。

詩人と英雄

このように神話は、個人が集団心理から抜け出すための最初の一歩なのである。最初の神話が心理学的な神話、すなわち英雄神話であったのはたしかである。説明的な自然神話は、はるかに後の段階になって初めて登場したに違いない。叙事詩の詩人はこのような第一歩を踏み出して、空想の中において集団から解放されたのであり、同じくランクの見解によると、こうした詩人は現実には、集団に戻るための方法も知っていたのである。というのも詩人は集団の中に入っていって、自分が作り出した主人公の行為を物語っているからである。この主人公とは基本的に詩人自身なのである。このようにして詩人は現実の中に戻っていき、彼の語る物語を聞く人々を、空想の高みに持ち上げたのである。これらの人々は詩人の語る言葉を理解しながら、同じ原父への憧れの気持ちから、自分を英雄と同一視することができたのである。*55

英雄神話の虚構

英雄神話が語る虚構は、英雄を神化することで頂点に達する。このようにして神になった英雄は、おそらく父なる神よりも古く、神性をそなえた原父の復活の先駆けとなるものだったのであろう。神々の系譜を時代順に示すと、母なる神が登場し、次に英雄が登場し、最後に父なる神が登場するという順である。ところが決して忘れられることのなかった原父が神として崇められるようになると、神性が現代にみられるような特徴を帯びるようになったのである。*56

C

目標を制止された欲動

わたしたちはこの論文において、直接的な性的欲動についても、目標を制止された欲動についてもさまざまに語ってきたが、この区別そのものについては強い反対はないものと想定できよう。この区別について詳細に述べることは、たとえその概略はこれまですでに述べてきたとしても、好ましいことであろう。

目標を制止された性的な欲動の最初の事例としてわたしたちが出会うのは、幼児のリビドーの発達であり、これはまた最善の実例でもある。幼児が両親や養育者に対して抱くすべての愛情は、幼児の性的な追求を表現する願望のうちに、いかなる制限もなしにすべて引き継がれていく。幼児は自分の知っているあらゆる情愛を、これらの人々に要求するのであり、それらの人々にキスし、触り、見つめていようとするのである。また幼児はこれらの人々の性器を見たいと願い、排泄行為にも立ち会いたいと望んでいる。そして幼児は母親や自分を世話してくれる女性と結婚したいと願うのであり（幼児が結婚ということで何を想像しているかは別にしてもである）、父親の子供を産みたいと望むのである。

幼児を直接に観察していても、さらに後年になって幼年時代の残滓を分析してみても、優しい感情や嫉妬めいた感情が性的な意図と直接に合流していることについてはいかなる疑問もないのであり、幼児がどれほどまでに徹底して、自分の愛する人を、まだ適切に統合されていない性的な追求の営みの対象としているかが明らかになるのである（『性理論三篇』を参照されたい）。

優しい感情と性的な欲動

幼児期におけるこの最初の愛情の形成は、典型的にはエディプス・コンプレックスを作り出すものであるが、その後はよく知られているように、潜伏期が始まるとともに抑圧の力に屈するようになる。幼児の最初の愛情の形成のうちに残されたものが、やがて純粋に優しい感情的な結びつきとして現れるのである。これは以前と同じ相手に向けられるものではあるが、もはや「性的な」ものと呼ばれるべきではない。ただし心の深いところまで探り出す精神分析によって容易に明らかにすることができたのは、最初の幼年時代の性的な結びつきは、それが抑圧されて無意識的なものとなっているとしても、相変わらず存在しつづけているということである。

わたしたちは精神分析によって、この優しい感情が、その対象になる人やその模範像《イマーゴ》に向けられたきわめて「性感的な」対象との結びつきを受け継いだものであることを主張する勇気を与えられるのである。もちろんそれまでの性的なエネルギーの激しい流れが、場合によっては抑圧されたものとして相変わらず存在しつづけているのか、それともすでに消耗されてしまっているのかは、特別な調査を行わなければ明らかにすることができない。

これについてさらに明確に表現してみれば、この性的なエネルギーの激しい流れはその形式や可能性としては、なお存在しつづけていること、そして退行が発生した場合には、ふたたびエネルギーが備給されて、活動し始めるのは確実である。ただしその時点においてそれがどのような備給と機能をもっているかについては、まだ疑問が残るのである。

これについては、誤りを犯す原因となる二つの傾向に同じように注目しなければならない。一つの傾向は抑圧された無意識を過小評価しようとするものであり、もう一つの傾向は正常なものを病理学的な物差しで測ってしまおうとするものである。このように抑圧されたものの深みにまでわけいる意欲も能力もない心理学にとっては、このような優しい感情的な結びつきは、たとえそれが性的なものを目指した追求から生まれたものであったとしても、性的なものを目指さない営みの現れのように見えるのである[*57]。

目標を制止された欲動の利点

このような感情的な結びつきは、もともとの性的な目標から方向を変えたものであると考えることができるが、このような目標からの逸脱を、メタ心理学で必要とされるような形で記述することは困難である。またこのような目標を制止された欲動も、ある種の根源的な性目標を依然として保ちつづけているのである。

たとえば情愛深く愛している人や友人や崇拝者であっても、「パウロ的な」意味で愛している人に身体的に接近したいと願い、その姿を眺めていたいと願うものである。このような目標の逸脱は、性的な欲望の昇華の始まりと考えることもできるし、あるいは性欲動の範囲をさらに拡大する［ことで性欲動とみなす］こともできるだろう。目標を制止された性的な欲動は、目標を制止されていない性的な欲動と比べて、機能的に一つの長所をそなえている。すなわち真の意味で完全な満足をえることができないので、かえって持続的な結びつきを作るのに適しているということである。直接な性的欲動は、それが満たされるとそのエネルギーを失ってしまうのであり、性的なリビドーがふたたび蓄積されて更新されるまで待たなければならないのであり、そのあいだに対象が違うものになってしまうこともありうる。

目標を制止された欲動と性的な欲動の結びつき

目標を制止された欲動は、さまざまな比率で、目標を制止されない欲動と混ざり合うことがあり、もともとは目標を制止されない欲動から生まれたものであるため、こうした欲動に戻ってしまうこともある。感謝の気持ちと敬服の念に根ざしている友情のような感情関係においては、たとえば教師と女生徒、芸術家と彼に魅惑されたファンのあいだで、とくに女性の側にエロス的な欲望がどれほど容易に育まれるかは、周知のことである（モリエールの「ギリシャ語への愛のためにも、わたしどもの抱擁をお受けください」[13]という台詞を参照されたい）。

このようなもともとは意図しない感情的な結びつきの成立から、性的な対象選択へといたるまでは、真っ直ぐな道が開かれており、実際にこの道は何度も歩かれているのである。プフィスターは『フォン・ツィンツェンドルフ伯爵の敬虔さ』を挙げながら、激しい宗教的な感情による結びつきが、どれほど容易に激しい性的な興奮に転換するものであるかを、非常に明白な実例によって示しているが、この実例はそれほど稀なものではないのである。

一方では、それ自身では長続きしないような直接的な性的な追求が、情愛だけによって結びついた持続的な結びつきに変わることも、よく見られることであり、情熱的な恋愛によって成就した結婚生活が安定してくるのは、このプロセスによるのである。

目標を制止された欲動の発生源

　直接の性的な追求の営みから、目標を制止された性的な追求が生まれるのは、内的あるいは外的な障害物のために、性目標の実現が妨げられるからであり、驚くに値しないことである。このような内的な障害物としては、潜伏期に行われる抑圧を挙げることができるだろう（ただしこれは内的な障害というよりも、内的なものとなった障害と言うべきだろう）。

　わたしたちは原始群族の原父について、その性的な非寛容のためにすべての息子たちに禁欲を強制し、彼らを目標の制止された欲動による結びつきへと追いやっておきながら、自分だけは性的な享受の自由を確保し、いかなる制約も受けようとしなかったことを確認してきた。集団が存立するための基盤である結びつきはすべて、目標を制止された欲動から生まれたものである。このようにしてわたしたちは、直接的な性欲動と集団形成の関係を考察するための新しいテーマに近づいてきたわけである。

D

性愛と集団

わたしたちにはこの補足の以前の二つの項目において、直接的な性的追求が、集団形成にとって好都合なものではないことを明らかにする準備が整ったのである。ただし家族の発展の歴史においても、集団的な結婚のように、性愛の集団的な関係というものが存在するのではあるが、性愛が自我にとって重要なものとなればなるほど、そして二人の人間のあいだの性愛関係が深まれば深まるほど、一対一の性愛関係に制限されるようになったのである。この制限は生殖の目的という自然の本性に適ったものである。一夫多妻の関係では、夫が次々と妻を替えていくことで満足を求めざるをえなくなるのである。

性的な満足を求めてたがいに必要としあう二人の人間は、他人を避けるものであり、群衆欲動や集団感情に対抗する姿勢をあらわに示すようになる。たがいに愛し合っていればいるほど、たがいに十分な満足を獲得することができる。そして集団の影響を拒む姿勢は、羞恥感として表現される。さらに性的な対象選択を、集団のうちに存在することから生まれる心的な束縛から守るために、嫉妬のような非常に激しい感情的な興奮が掻き立てられるのである。

恋愛関係のうちの情愛の深さに関わる要素、すなわち人格的な要素が感覚的な要素の背後に完全に退いてしまう時にかぎって、他人がいあわせる場でのカップルの性的な行為や、オルギアのような場面における集団内の同時的な性的行為が可能となるのである。

この場合には、性的な関係の早期の段階に退行しているのであって、こうした状態では惚れ込みはまだいかなる役割も果たさず、性的な対象はどれも同じ価値のものとみなされるようになる。バーナード・ショーが語った意地の悪い言葉のように、惚れ込むということは、他の女性と比較して一人の女性の価値を不当なまでに過大評価するということなのである。

族外婚と情愛

惚れ込みという状態は、男女の性的な関係の発展のうちでかなりのちの段階で発生するものであり、性愛と集団的な結びつきとの敵対的な関係も、こうした男女の性的な関係の発展のかなりのちの段階で生じたものであることを示す多くの証拠がある。ところでこうした仮定は原始的な家族についての神話と矛盾するように思われるかもしれない。兄弟たちは、母親や姉妹への愛によって父親殺しに駆り立てられたのであり、こうした愛情は無傷の原始的な愛情であり、情愛的な愛と性感的な愛が溶け合ったものであるとしか考えられない。

しかしさらに詳しく考察してみれば、このような異論はある証拠によって退けられてしまうのである。兄弟たちの原父の殺害によって生まれた反応の一つは、トーテム的な族外婚の制度であり、幼い頃から親しんできた家族のうちの女性たちと性的な関係を持つことの禁止である。これによって男性の情愛的な愛と性感的な愛のあいだに楔が打ち込まれたのであり、この楔は現在でも男性の愛情生活のうちにしっかりと打ち込まれたままである[*58]。この族外婚の制度のために男性の性感的な欲求は、愛してもいない見知らぬ女性たちによって満たされなければならなくなったのである。

人為的な集団における性差の役割

規模の大きな人為的な集団である教会と軍隊においては、性対象としての女性が占める場所は用意されていない。男性と女性のあいだの愛の関係は、組織の外部で行われるものとされている。男性と女性が入り混じって集団を形成する場合にも、性差はいかなる役割も果たしていない。集団を構成する人々のリビドーが、同性愛的なリビドーであるか、それとも異性愛的なリビドーであるかということは、まったく問題とされない。集団は性差によって違った形で構成されるわけではないし、リビドーの性器的な体制の目標などはまったく無視されているからである。

カトリック教会と恋愛

通常は集団のうちに溶け込んでいる個人にとっても、直接的な性的追求の営みが、個人的な活動としては可能なものとして維持されている。しかしこれがあまりに強くなると、集団的な結びつきが破壊されることになる。

カトリック教会がその信徒たちに独身生活を送ることを勧め、司祭たちには結婚しないように命じるのは、このような十分な動機があるからである。それでも司祭たちが恋愛のために教会から離脱するようになることも、しばしばみられる。これと同じように女性に対する愛情のために、人種による集団的な結びつきや、民族的な区別に基づいた集団的な結びつきや、社会的な階級秩序に基づいた集団的な結びつきが破壊されて、そしてそのために文化的に重要な業績が実現されることもあったのである。ただし集団的な結びつきには、かりにそれが性的追求としては制止されているようなところであっても、同性愛のほうが適合するのは確かなようである。これは奇妙な事実であるが、それを解明するにはさらに考察が必要であろう。

神経症と集団的な結びつき

神経症を精神分析によって研究することにより、抑圧されてはいるが活動的な状態にある直接的な性的追求が、神経症の症状を引き起こしていることが明らかになった。これをさらに正確に表現すれば、徹底的な制止が行われていないか、抑圧された性目標に立ち戻ることができる余地のある場合には、目標を制止された性的な追求のために、神経症の症状が生まれるのである。

神経症にかかった人々は、それまで所属していた集団的な結びつきから切り離され、非社会的な存在となるが、それはこうした事情によるものである。神経症は惚れ込みと同じような形で、集団に対して破壊的に働く。その証拠としては、集団的な結びつきを作り出すための強力な要因が働いている場合には、神経症の症状が緩和され、少なくとも一時的には消滅する場合があることを挙げることができよう。このような神経症と集団的な結びつきの対抗関係は、治療において利用することができるのである。

今日の文化的な世界において宗教的な幻想が失われたことを残念に思わない人でも、そのような幻想が力を持っている限り、そうした幻想で結びついている人々は神経症にかかる危険から強力に保護されていることを認めざるをえないのである。神秘的、宗教的、哲学的な宗派や共同体に加入することは、さまざまな神経症を治療するための手段となりうることはすぐに分かることである（ただし擬似的な治療にすぎないが）。これらのことはすべて、直接的な性的追求と目標を制止された性的追求とが対立した関係にあることによって生じているものなのである。

神経症の患者は孤独なままに放置されたために、自分が締め出された大きな集団的な結びつきの代用として、神経症の症状を形成せざるをえなかったのである。こうした神経症の患者は自分だけの空想的な世界を、自分の宗教を、自分の妄想の体系を作り出すことによって、人類の制度を歪曲した形で反復しているのである。こうした歪曲のあり方に、直接的な性的追求が強く影響しているのは、明らかである。*59

E　リビドーの理論からの概括

最後にここでリビドーの理論の見地から、これまでわたしたちが取り上げてきた惚れ込み、催眠、集団的な結びつき、神経症という状態について比較しながら検討しておくことにしよう。

惚れ込みは直接的な性的追求と、目標を制止された性的な追求が同時に存在することによって生まれる。その際にナルシシズム的な自我リビドーの一部は、対象のうちに引き寄せられている。惚れ込みのうちには自我と対象しか存在する場所がないのである。

催眠は惚れ込みと同じように二人の人物のあいだだけで成立するが、催眠においては目標を制止された性的な追求だけが行われており、自我のもつ自我理想の位置に対象を据えるのである。

集団はこのプロセスを多重的に重ね合わせたものである。集団を作り出すような欲動の性質は催眠と同じようなものであり、自我理想の場所に対象が据えられることも催眠と同じである。ただし集団形成においては、他の個人との同一視という要因がつけ加えられる。おそらくこれは対象を構成する個人がすべて、対象に対して同じような関係を取り結ぶことによって可能になったものと思われる。

催眠と集団形成という二つの状態は、人間のリビドーの系統発生の歴史に由来する遺伝的な沈殿物によるものである。催眠は素質としての遺伝的な沈殿物が働き、集団形成においてはさらに、直接的な残滓としての遺伝的な沈殿物もこれに加わるのである。

催眠においても集団形成においても、直接的な性的追求を目標を制止された性的な追求によって置き換えたために、自我と自我理想との分離が促進されるが、これはすでに惚れ込みのうちで始まっていたものである。

神経症はこの系列からは逸脱したものである。神経症もまた人間のリビドー発達の独自性によるものであり、潜伏期によって中断された直接的な性的な機能が、二度にわたって新たに開始されることに基づいたものである[*60]。

その意味では神経症は、惚れ込みにはみられないような退行としての性格をそなえており、これは催眠や集団形成と共通した特徴である。直接的な性欲動から、目標を制止された性欲動への進展が完全に進まない場合には、つねに神経症が発生する。神経症はこのような発達の過程をくぐり抜けて、自我によって受け入れられた欲動と、その他の完全に抑圧された欲動の動きと同じように抑圧された無意識から生まれ、直接的な満足を求める欲動との葛藤によって生じるのである。

神経症は内容からみると非常に豊富である。というのも神経症には自我と対象のあいだで起こりうるあらゆる関係が含まれているからである。すなわち神経症には対象が保持されている関係や、対象が放棄された関係や、対象が自我そのものの中に再建されている関係や、自我と自我理想のあいだに葛藤が生じている関係などのすべてが含まれるのである。

原注

＊1　ルドルフ・アイスラー訳、第二版、一九一二年。

＊2　ル・ボンの見解とわたしたちの見解の違いは、ル・ボンの考えている無意識の概

念が、精神分析で認められている無意識の概念とは完全には一致しないために生まれているのである。ル・ボンの考える無意識の概念には、何よりも種族的な精神の非常に深い特徴が含まれているが、これは個人の精神分析においてはもともと考察から除外されているものである。自我の核心は、私がのちの時点でエスと名づけたものであって、これは人間精神の「太古の遺産」に由来するものである。わたしたちはこれが無意識的なものであることを否定するものではないが、この太古の遺産から引き継がれた「無意識的な抑圧されたもの」というものが、無意識的なものとは別に存在していることを主張している。ル・ボンには、この〈抑圧されたもの〉という概念が欠けているのである。

＊3　シラーの次の二行詩を読まれたい。

「一人一人で見ると、誰もが賢くて、物分かりがよい
ところが集団になるとすぐに愚か者になってしまう」

＊4　ル・ボンの使う無意識という言葉は、記述的な意味では正しいものである。ただしそれは「抑圧されたもの」だけを意味するわけではない。

＊5　『トーテムとタブー』の第三章「アニミズム、呪術、観念の万能」を参照された

い（全集第九巻）。

＊6　わたしたちは夢の解釈において人間の無意識的な心的な生についての最善の知識を獲得することができたのであるが、こうした夢の解釈においては、夢の物語についての疑惑や不確かさについては問題にせずに、顕在的な夢の要素はどれも確実なものとして扱うという技法的な規則を採用した。わたしたちは疑惑や不確かさが生まれるのは、夢の仕事に対して検閲が加えられるからであると判断したのであり、一次的な夢思想にとっては、批判的な作用としての疑惑や不確かさのようなものは無縁であると考えたのである。ただし夢の内容には、他のものと同じように、夢を生み出すような昼間の残滓が登場することがあるのは当然のことである（『夢解釈』第七版、一九二二年、全集版の三八六ページを参照のこと）。

＊7　集団においてはあらゆる感情の動きの同じような昂揚は極端なものになり、際限のないものとなってしまう。これは子供の情動の場合と同じである。このような感情の動きは夢の生活にも現れる。夢の中では個々の感情の動きが無意識のうちでは一般に孤立してしまうために、昼間のわずかな腹立ちも、その腹立ちの原因となった人が死んでしまえばよいという願望として表現されるのであり、何らかの行動への企てが、

夢の中で行われる犯罪行為となって現れるのである。ハンス・ザックス博士はこのことについて次のように適切な見解を述べている。「夢が現在との関係において（現実との関係において）わたしたちに示したものを意識のうちに求めようとするならば、分析という拡大鏡の下で怪物のように見えたものが、ごく小さな繊毛虫であることが分かったとしても、驚くべきではない」。これについては『夢解釈』第七版、一九二二年、全集版の四五七ページを参照されたい。

＊8　たとえば幼児においては、ごく身近な人々に対して長く並存する両義的な感情によって支配された振る舞い方がみられるのであり、対立する感情の一方が表現されるときに、他方の感情がそれを妨げるようなことはない。これらの感情が最終的に葛藤を起こすようになると、幼児は対象を取りかえてしまい、対立する片方の感情を代理の対象に割り当てることによって、こうした葛藤を解決するのである。

成人の神経症が発展する過程においても確認できることだが、抑圧された欲動の動きは、無意識的な空想や、時には意識的な空想のうちで、長い期間にわたって維持されることが多い。ただしこうした空想の内容は、支配的な欲求とは直接に対立するものであるが、この対立によって否定されたもののほうに自我が歩み寄ることはない。

そのあいだはずっと空想が容認されて維持されるのであるが、やがて突然に、こうした空想と自我との対立があらわになって、そうした対立によって生まれうるあらゆる結果が生じることになる。これは通常はそうした空想に備給される感情が強くなるために発生するのである。

幼児から成人に発達するプロセスにおいて、一般に人格はたえず統合を進めていくのであり、人格の中にたがいに独立して成長してきた個々の欲動の動きと目標実現への努力が統合されるようになる。これと類似したプロセスとして、人間の性生活において、すべての性的な欲動が、性器的な体制のうちに統合されるプロセスがあることはよく知られている（『性理論三篇』一九〇五年、全集第五巻を参照されたい）。

自我における統合の営みが、リビドーの統合と同じような障害に悩まされることがありうることは、多くの実例によって知られている。たとえば聖書の記述を信じつづけている自然科学者のことを考えていただきたい。自我がその後で崩壊するさまざまな可能性は、精神病理学において扱われる特別なテーマである。

＊9　これについてはフロイト『トーテムとタブー』を参照されたい。

＊10　これについてはB・クラシュコヴィッチ二世の『集団心理学』（ヴコヴァール、

一九一五年）の本文と文献目録を参照されたい。この書物はジークムント・フォン・ポサベッツがクロアチア語から翻訳している。

＊11　ヴァルター・メーデの論文「集団心理学と社会心理学の批判的な概説」を参照されたい（『教育心理学・実験教育学雑誌』モイマン／シャイプナー編集、第一六号、一九一五年に所収）。

＊12　W・マクドゥーガル『集団の心』（ケンブリッジ、一九二〇年）。

＊13　W・トロッター『平時と戦時における群衆本能』ロンドン、一九一六年。

＊14　これについては、ハンス・ケルゼンの理解力のある鋭い批評を思い出さざるをえない（『イマーゴ』第八巻第二号、一九二二年(14)）。ただしわたしは「集団精神」にこのような組織を認めたからといって、「集団精神」を実体化することにはならないし、それを個人の精神的な過程から独立したものであることを承認することにはならないと考えている。

＊15　R・ブリュジェイユ「社会現象の本質としての暗示」（『哲学雑誌』第七五号、一九一三年(15)）。

＊16　コンラート・リヒター『ドイツの聖クリストフ』ベルリン、一八九六年（『アク

タ・ゲルマニカ』第五巻第一号)。

＊17 たとえばマクドゥーガル「暗示に関するノート」(『神経病理学と精神病理学』第一巻第一号、一九二〇年五月号)を参照されたい。

＊18 残念ながらこの仕事はまとめられなかった(一九二四年の追加注)。

＊19 ナッハマンゾーン「プラトンのエロス論とフロイトのリビドー論の比較」(『国際精神分析学雑誌』第三巻第二号、一九一五年)。プフィスターが同誌の第七巻第三号(一九二一年)に掲載した論文[16]も参照されたい。

＊20 「たとえ、人々の異言、天使たちの異言を語ろうとも、愛がなければ、わたしは騒がしいどら、やかましいシンバル」(「コリントの信徒への手紙 一」第一三章第一節)。

＊21 「安定した」集団であるという特性と「人為的な」集団であるという特性は一致するようである。少なくともこの二つの性格は密接に関係しているように思われる。

＊22 E・ジンメル『戦争神経症と〈心的なトラウマ〉』(ミュンヘン、一九一八年)。

＊23 『精神分析入門』の第二五章を参照されたい(全集第一一巻)。

＊24 フェダーン『父なき社会』(ウィーン、一九一九年)では[17]、領主の権威が失墜し

た後に現れた同様な現象について述べており、これを参照されたい。

＊25　「ヤマアラシたちがある寒い冬の日に、身体を寄せ集めてたがいの体温で寒さをしのごうとしたのだった。ところが近づきすぎると相手の針に刺されるので、彼らはまた離れ離れになった。そうすると体を温め合いたいという気持ちになって、また近づいてくる。ところが接近すると再び針に刺されることになる。このようにして彼らは二つの苦悩のあいだを行ったり来たりしながら、最後にはどうにか我慢のできる適当な距離をみいだしたのだった」（ショーペンハウアー『付録と補遺』第二部第三一章「比喩と寓話」）。

＊26　おそらく唯一の例外と言えるのは、母親と息子の関係であろう。母親の息子に対する愛情はナルシシズムに基づいたものであるため、その後で生まれる競争によっても損ねられることはなく、性的な目標選択の萌芽となるものであり、さらに強められるのである。

＊27　わたしは最近（一九二〇年）発表した『快感原則の彼岸』という著作において、このような愛情と憎悪の両極的な現れを、すでに認められている生の欲動と死の欲動という対立によって説明した。そして生の欲動をもっとも純粋に代表するのが、性の

欲動であると主張した。

＊28 「ナルシシズム入門」（一九一四年）参照（全集第一〇巻）。

＊29 『性理論三篇』ならびにアブラハム「リビドーのごく早期の前性器的な発展段階についての研究」（『国際精神分析学雑誌』第四巻第二号、一九一六年）を参照されたい。またアブラハム『精神分析への臨床的な寄与』（国際精神分析学文庫第一〇巻、一九二一年）も参照されたい。

＊30 マルクセヴィッチ「幼い子供における自閉症的な思考に対する寄与」（『国際精神分析学雑誌』第六巻第三号、一九二〇年）。

＊31 「喪とメランコリー」（『神経症学小論集』第四集、一九一八年。全集第一〇巻）。

＊32 「ナルシシズム入門」参照。

＊33 病理学の分野から採用したこれらの実例は、同一視の本質を尽くすものではないし、集団形成の謎の部分はそのまま残されていることは、わたしたちもよく承知している。これについてはさらに根本的で包括的な心理分析を行う必要があるだろう。同一視を分析することによって、模倣と感情移入を理解することができるようになり、一般に他者の心的な生を理解する姿勢を可能にするメカニズムが明らかになるはずで

ある。またすでに確認されている同一視の現象にも、まだ説明されるべき多くの点がある。すなわち同一視された対象に対しては、人々は攻撃を制限し、その人物をいたわり、援助することがあるのである。このような同一視は、たとえば氏族社会の基盤に見られるようなものであり、ロバートソン・スミスはそれについて驚くべき結論を下している。というのも彼はこのような同一視が生まれるのは、何らかの共通の物体を承認し合うことから生まれるのであり（『血縁関係と結婚』一八八五年）、食事を共にすることによっても発生しうると語っているのである。わたしは『トーテムとタブー』において、人間の家族の原始時代の歴史と、この種の同一視を結びつけて考えたのであるが、それは同一視のこのような特徴によるものである。

＊34　前記の『性理論三篇』を参照されたい。

＊35　「性愛生活が誰からも貶められることについて」（『神経症学小論集』第四集、一九一八年。全集第八巻）を参照されたい。

＊36　「夢理論へのメタ心理学的な補足」（『神経症学小論集』第四集、一九一八年。全集第一〇巻）を参照されたい。ただしこのように割り当てることには疑問が残るのであり、さらに詳細な議論が必要であろう。

＊37　W・トロッター『平時と戦時における群衆本能』ロンドン、第二版、一九一六年。

＊38　「快感原則の彼岸」（一九二〇年）を参照されたい（全集第一三巻）。

＊39　『精神分析入門』の第二五講「不安」を参照されたい（全集第一一巻）。

＊40　『トーテムとタブー』第四版、一九二五年。これは一九一二年から一九一三年にかけて『イマーゴ』誌において「未開人と神経症患者の心的な生におけるいくつかの一致点について」として発表したものを、一九一三年に単行本として刊行したものである（全集第九巻）。

＊41　わたしたちがこれまで人間の一般的な特性として記述してきたものは、とくにこうした原始群族に当てはまるものと考えられる。原始群族においては個人の意志はきわめて弱いものであり、個人は自分の意志をあえて行動に移す勇気をもたなかったのである。集団的な衝動のほかにはいかなる衝動も実現されることがなかった。ただ共通の意志だけが存在し、個人の単独の意志は存在しなかった。いかなる表象であっても、それが広がって一般的なものであると理解されて強化されない限り、あえて意志に転換されることはなかった。表象のこうした弱さはすべての人々に共通した感情的な結びつきの強さから理解できるものであったが、そのほかにも生活状態が同質なも

のであること、私有財産が存在しないことなどが、このような個人における精神行動の同型性を作り出すために貢献している。子供や兵士にみられるように、排泄の要求にさえ共通性が存在することもある。ただ一つの重要な例外としては性行為が挙げられる。この場合に第三者が介入することは少なくとも余分なものであると判断されるのであり、極端な場合には刑事罰が適用されるのである。性的な要求（性器的な満足）が群衆的なものに逆らって示す反応については、以下の部分を参照されたい。

＊42　群れから追い出された息子たちが原父から離れて暮らすうちに、たがいに同一視することによって同性愛的な対象愛を形成し、このようにして父親を殺害する自由を獲得したと考えることができよう。

＊43　「不気味なもの」（『イマーゴ』第五号、一九一九年）参照（全集第一二巻）。

＊44　『トーテムとタブー』と、同書で引用した資料を参照されたい。

＊45　催眠術をかけられた人が、無意識のうちでは催眠術をかける人だけに心を向けているのに、意識の上では単調で興味のない知覚に専念しているという状況は、精神分析の治療の際にみられる出来事と対応するものである。どのような分析治療においても、まったく何も思い浮かばないと、患者が執拗に主張することが一度は起こるもの

である。患者の自由な連想が停滞し、普通であれば連想を動かすことのできる方法も効果を発揮しないものである。

患者にしつこく尋ねてみると、患者は診察室の窓から見える眺めや、目の前にある壁掛けや、天井からぶら下がっているランプのことを考えているのである。その時に患者が転移を起こしていること、相手の治療者に関係した無意識の考えにとらわれていることがすぐに理解できるのである。そして患者にこのことを指摘すると、患者の連想の停滞が解消されるのである。

＊46　フェレンツィ「取り入れと転移」（『精神分析学的・精神病理学的研究年報』第一巻、一九〇九年）。

＊47　わたしたちがこの章の考察において、ベルネームの催眠術についての見解から離れて、もっと古い素朴な見解にまで溯るように促されたことは、注目に値することだろう。ベルネームは、あらゆる催眠的な現象は暗示という要素によって生まれるのであり、それ以上は説明できないと考えた。ところがわたしたちは暗示というものは催眠状態の部分的な現象にほかならず、この要因は古代から人間の家族のうちで無意識的に受け継がれてきたものだと結論しているのである。

＊48　「ナルシシズム入門」（『精神分析学年報』第六巻、一九一四年。『神経症学小論集』第四集に収録。全集第一〇巻）。

＊49　「喪とメランコリー」（『国際精神分析学雑誌』第四巻、一九一六〜一九一八。『神経症学小論集』第四集に収録。全集第一〇巻）。

＊50　『トーテムとタブー』参照（全集第九巻）。

＊51　トロッターは抑圧を群衆欲動から導き出している。わたしは「ナルシシズム入門」において、自我にとって自我理想を形成することが抑圧の条件となると指摘しておいたが、それはここで述べたことと矛盾するものではなく、表現を変えただけのことである。

＊52　アブラハム「躁鬱病およびその他の精神分析的な研究と治療のための端緒」一九一二年。（『精神分析への臨床的な寄与』一九二一年に収録）。

＊53　さらに正確に表現すると、対象に対する非難は自らの自我に対する非難の背後に隠れて、そうした自己への非難を強固で粘り強く一貫したものにするのである。これがメランコリー患者の自己非難の特徴である。

＊54　以下で述べることはオットー・ランクとの意見交換によって影響を受けている。

これについてはランク「ドン・ファンの人物像」(『イマーゴ』第八号、一九二二年)を参照されたい。これはのちに書物として出版された(一九二四年)。

＊55 ハンス・ザックス「共有された白日夢」を参照されたい。これは一九二〇年にハーグで開催された第六回精神分析学会において、ザックスが講演したものであり、その一部は『国際精神分析学雑誌』(第六巻第一号、一九二〇年)に再録されている。そのあとで書物の形式で出版された(『イマーゴ』叢書の第三巻として)。

＊56 この記述はごく簡略なものであり、ここでは構成の目的から、伝説、神話、お伽噺、教訓詩などからの資料はすべて省略した。

＊57 敵対的な感情においては、もう少し複雑な仕組みになっている。

＊58 「性愛生活が誰からも貶められることについて」(一九一二年)を参照されたい(全集第八巻)。

＊59 『トーテムとタブー』の第二章「タブーと感情のアンビヴァレンツ」の最後の部分を参照されたい(全集第九巻)。

＊62 「性理論三篇」第五版、一九二二年、九六ページを参照されたい(全集第五巻)。

訳注

（1）オイゲン・ブロイラー（一八五七～一九三九）はスイスの精神医学者。精神分裂症の概念を提唱したことで有名である。フロイトが暗示しているのは、『精神分析・精神病理学研究』の第四巻（一九一二年）に発表された長文の論文「自閉的な思考」である。

（2）ギュスターヴ・ル・ボン（一八四一～一九三一）はフランスの社会心理学者。群集心理の研究に従事した。『群衆心理』（一八九五年）や『フランス革命と革命の心理学』（一九一二年）などの著書がある。

（3）この「意識的な」というところは、ル・ボンのフランス語の原書では「無意識的な」になっている。

（4）スキピオ・シゲーレ（一八六八～一九一三）はイタリアの犯罪心理学と群集心理学の研究者。一八九二年にこの二つの領域をまたぐ著書『犯罪群衆』を刊行した。一九〇一年に刊行されたフランス語訳の序文でシゲーレは、「わたしの名前を挙げずに、群集心理について語ったル・ボンのような人々に〈感謝〉したい」と語っている。

（5）ウィリアム・マクドゥーガル（一八七一～一九三八）はイギリスの心理学者。一九〇八年に刊行した『社会心理学入門』がきっかけとなって、社会心理学という分野が誕生したとされている。優生学や集団心理など、多様な分野で著作を発表している。

(6) ウィルフレッド・トロッター(一八七二〜一九三九)はイギリスの外科医であるが、『平時と戦時における群衆本能』(一九一六年)で、集団心理学の分野でも有名になった。

(7) ガブリエル・タルド(一八四三〜一九〇四)はフランスの社会学者、社会心理学者。模倣論を展開した『模倣の法則』(一八九〇年)で名高い。また一九〇一年に刊行した『世論と群衆』では、群衆の概念に対比した公衆の概念によって、ル・ボンの群衆心理の理論を批判している。

(8) 「マタイによる福音書」第二五章第四〇節。なお聖書の引用は新共同訳によっている。

(9) フリードリヒ・ヘッベル(一八一三〜六三)はドイツの作家。『ユーディット』は『旧約聖書』外典の「ユディト書」で、敵の司令官ホロフェルネスを討つために敵陣にもぐりこんだ女性ユーディットの勇敢な行為を描いた作品。この作品のパロディとして、同時期の劇作家ヨハン・ネストロイ(一八〇一〜六二)が『ユーディットとホロフェルネス』を執筆して発表した。ユーディットが司令官の首を切る場面は、ゴヤなどの多くの画家が作品を残している。

（10）「マルコによる福音書」第一五章第四三節では「アリマタヤ出身で身分の高い議員ヨセフが来て、勇気を出してピラトのところへ行き、イエスの遺体を渡してくれるようにと願い出た。この人も神の国を待ち望んでいたのである」と書かれている。

（11）ボリス・サイディズ（一八六七〜一九二三）はウクライナ生まれのアメリカの精神科医で精神分析医。集団心理学の分野では『暗示の心理学――人間と社会の無意識的な性格の研究』（一八九八年）が重要である。この書物では集団においては人間は動物なみになると考え、「暗示へのかかりやすさが、集団と社会にとっては決定的に重要である。というのも社会的な獣［である集団］がもっている唯一の迅速な通信手段は、暗示へのかかりやすさだからである」（三一〇ページ）と述べている。

（12）シラーの戯曲『ヴァレンシュタイン』から。

（13）モリエールの戯曲『女学者』から。鈴木力衛訳では「まあ、あなたのご専門のギリシア語に敬意を表して、わたくしどもがご挨拶するのをお許しくださいませ」である（『モリエール』筑摩書房『古典世界文学　33』四一九ページ）。

(14) これはハンス・ケルゼンの「国家の概念と社会心理学――とくにフロイトの集団理論を考慮して」のことである。

(15) R・ブリュジェイユは暗示を批判する理論として、競争の理論やタルドの模倣の理論などを列挙して、これらの理論は暗示の理論で説明できることを指摘している。

(16) これはO・プフィスター「精神分析の先駆者としてのプラトン」(『国際精神分析学雑誌』第七巻第三号、一九二一年、二六四～二六九ページ)である。

(17) ポール・フェダーン(一八七一～一九五〇)はウィーン出身のアメリカの心理学者で精神分析医。フロイトに直接に師事し、アメリカで自我心理学を発達させるのに貢献した。

解説　フロイトの無意識の理論

中山元

本書の第一部には、フロイトの無意識の理論を個人の心理の側面から考察した論文を収録し、第二部には無意識の理論を集団の側面から考察した著作『集団心理学と自我分析』を収録した。無意識はもちろん精神分析の中心的な概念であり、フロイトの執筆したほとんどすべての文章において、無意識の問題が核心的な問題として控えている。

ただしフロイトの理論の転換とともに、無意識についての考察も、その意味を転換させている。『夢解釈』を中心とした前期のフロイトにあっては、無意識は神経症、夢、言い間違いなどの日常的な錯誤のうちから、あぶりだすようにして考察すべき対象であった。しかし一九一〇年代の頃から、いわゆるメタ心理学の理論の構築が進められる時期にいたって、無意識についてあらたな理論の構築が始まる。この時期からフロイトは無意識的なリビドーの運命を探るために、経済論的な考察、局所論的な考察、力動論的な考察を展開するようになるからである。

「精神分析における無意識の概念についての論考」（一九一二年）

このあらたな理論的な考察の内容を詳細に展開したのが、「無意識について」という論文であるが、以下ではそれ以前に発表された論文について、発表順にこだわらずに検討してみよう。まず一九一二年に発表されたこの「精神分析における無意識の概念についての論考」という論文で、すでに無意識についての新しい構想が素描されている。この論文では、まずベルネームの「後催眠暗示」の実験をとりあげながら、無意識的なものの存在を確定的なものとしている。そして意識の概念とは異なる前意識の概念と無意識の概念を対比して説明している。

前意識とは、苦労せずに意識の領域にのぼらせることのできるものであり、無意識とは意識と断絶していて、意識の領域にのぼらせることができないものである。この二つの意識の違いを作りだしているのは抵抗と防衛である。意識にのぼらせようとすると抵抗が生じる記憶があるが、それは主体がこの記憶を意識にのぼらせると不快になるため、自らを防衛するために、その記憶を意識することを拒絶するためである。

フロイトは後に『夢解釈』の一九一四年の改訂版に追加した注において、この論文において「〈無意識〉という多義的な語について、記述的、力動論的、そして系としての意味がそれぞれ区別された」と述べているもの[1]の、この論文では、主体はなぜこの記憶を意識することを拒み、自己を防衛するかについては明確に示していない。むしろ夜の夢のあいだは、こうした防衛と抵抗の力が緩んで、目覚めていれば拒絶するはずの記憶や印象が、操作されて無害なものという見掛けのもとで、意識のうちにまぎれこむことができることが示されているだけである。

「心的な出来事の二つの原則の定式」（一九一一年）

一次過程と二次過程

この防衛のメカニズムを詳しく考察したのが、その前年に発表された「心的な出来事の二つの原則の定式」という論文である。この論文では心的なプロセスには一次過程と二次過程という二つのプロセスが存在することを指摘しながら、これらのプロセスにおいて働いている原則の違いを明確に示している。この二つのプロセスについてはすでに『夢解釈』の第七章で明確に規定されていた。一次過程とは、快感原則だけによって支配されているプロセスで、人間の心の最初から存在していて、無意識的な願望だけを実現しようとするものである。この一次過程は、「知覚同一性を作り出す」[2]ことを目指す。この知覚同一性を目指すプロセスにおいては、その知覚が現実のものであるか、幻覚のものであるかは区別されない。そのため赤子が知覚した母親の乳房が、実際に赤子の感じている不快な空腹感を満たしてくれるものであるか、それとも以前に知覚したものの記憶にすぎず、かえって不快な空腹感を高めるだけのものであるかを区別することができないのである。

　これが区別できないと、赤子は幻覚を現実と思い違いしてしまい、結局は不快感が強まるだけのことになる。そこで赤子は一次過程だけでは生存することができないことを自覚し、こうした知覚の同一性だけでは不十分であることを認識するようになる。知覚の同一性のもつこの欠陥を克服するために二次過程が形成されるようになる。この二次過程は「思考同一性を達成するという別の意図を身につけた」[3]プロセスであって、現実と空想を区別することができるようにしたものである。この一次過程の知覚の同一性を支配しているのが快感原則であり、二次過程の思考の同一性を支配しているのが現実原則である。

快感原則と現実原則

『夢解釈』では一次過程と二次過程の違いは力動論的には詳細に説明されているが、それを支配している原則は明確に規定されていなかった。この原則を規定したのが、この論文なのである。一次過程は快感原則だけによって支配されている。「一次過程は快感を獲得しようとするものであり、不快を引き起こすような行為からは心的な働きを撤収してしまう（これが抑圧である）」（本書一二ページ。以下で本書からの引用はページ数だけを記す）。ところがこれは実際に快感を獲得するためには役立たないことが多い。そこでこれを修正するために、現実原則が導入される。「もはや何が快適なものであるかを思い浮かべるのではなく、それがたとえ不快なものであったとしても、何が現実のものであるかを思い浮かべるようになった」（一三ページ）のであり、これが現実原則だった。

現実原則の三つの特徴

ここで快感原則と異なる形で導入された現実原則の特徴を、メタ心理学的に、経済論、力動論、局所論という三つの観点からまとめてみよう。第一の経済論的な観点は、心的なエネルギーという観点からこれを考察するものであり、現実原則においては、「知覚の同一性」ではなく、「思考の同一性」が重視されるために、人間の自我のうちで、複雑な思考プロセスが始まることに注目する。対象が知覚されたときにその表象の同一性だけに注目していると、現実の知覚と空想の知覚の違いが認識できなくなり、主体は幻覚によって欺かれることになる。これを防ぐためには、この知覚の違いを思考によって認識しなければならない。「思考は、表象たちの間の結び付きの様式に関わらねばならず、表象たちの強度には惑わされぬようにしなければならない[4]」のであり、表象の同一性に惑わされないことが求められる。

このようにして自我は表象に「注意」を払い、それについて記憶しながら「留意」し、それが現実のものであるかどうかを「判断」し、そうした判断に基づいて、必要であれば外界を修正するように、あるいは外界に向けた自我の反応を修正するように「行為」が遂行されるのである。

すなわち人間の自我はたんに対象を知覚して、対象からえられる快感を獲得することを目指すだけでなく、対象を記憶し、その対象にふさわしい行為を選択し、遂行するようになる。そのためには、知覚の同一性にみられるように、経済論的にみて思考のエネルギーを自由に浮動させるのではなく、思考過程において拘束する必要があるのである。これは人間の自我における重要な進歩を実現するものとなった。

第二の力動論的な観点は、欲動の動きという観点からこれを考察するものであり、現実原則は力動論的にみると性欲動ではなく、自我欲動に奉仕することに注目する。妄想にふけりがちなエロス的な快感の獲得を目指す性欲動にリビドーを備給するのではなく、意識活動に依拠した自我の保存を目指す自我欲動に備給するのである。「このような状況から、性欲動と空想が密接な関係を結び、自我欲動と意識活動が密接な関係を結ぶようになる」（一八ページ）のである。この観点からフロイトは、快感自我と現実自我という概念も提起している。この対立概念は、この論文で初めて提起され、後に「欲動とその運命」や「否定」などの論文でも継承されている。

ただしこの性欲動と自我欲動という二つの欲動の対比は、『性理論三篇』ですでに暗示的に示されており、この論文で明確に規定された。そして自我欲動は、自己の保存を目的とするものであることから、自己保存欲動とも呼ばれるようになる。この二つの欲動が同じものと考えられていたことは、一九一五年の「欲動とその運命」で、「わたしは以前、こうした〈原欲動〉として、二つの欲動を区別することを提案した――自我欲動または自己保存欲動と、性欲動である[5]」と語っていることからも明らかである。

メタ心理学の理論の構築期を含む一九一〇年から一九一五年までのフロイトの最初の欲動理論においては、この性欲動と自我欲動の対立、性的なリビドーと自己保存を目指すリビドーとの対立が、議論の中心軸となるのである。ただし一九一四年の「ナルシシズム入門」の論文で、理想自我の概念が提起されるとともに、フロイトはこの二つの欲動概念の対立に疑問をもつようになる。そして「最初に根源的な自我のリビドーの備給が存在し、その一部は後に対象に割り当てられるが、基本的にはこれは自我に残る[6]」と考えるようになる。つまり自我リビドーの一部が対象に備給されると対象リビドー、すなわち性欲動となるが、これは対象を喪失した場合などには、自我に撤収されると考えるようになる。するとリビドーは基本的に自我リビドーだけで考えられるということになる。こうしてフロイトは理論の整合性を維持するためにも、新たな理論の構築へと進むようになったのである。

第三の局所論的な観点は、無意識の領域という観点からこれを考察するものであり、第一局所論の意識、前意識、無意識の三つの場所と、快感原則と現実原則の対応関係に注目するものである。快感原則は無意識の領域で働く原則であり、現実原則は意識と前意識の領域で働く原則である。とくに明確な規定はないが、「空想の世界にあっては抑圧がその全能を維持しつづけるのであり、ある表象に備給したならば不快が発生する可能性があるときには、意識が気づく前にその表象を発生段階において制止してしまう」(一八ページ)と述べられているように、現実原則が意識の領域で働き、快感原則は無意識の領域で働くものであることは明確に示されている。翌年の「精神分析における無意識の概念についての論考」で、意識・前意識の領域と、無意識の領域の違いは明確に示されることになる。

「抑圧」(一九一五年)

抑圧の概念

次に無意識の理論の構築において重要な意味をもったのは、一九一五年に執筆された論文「抑圧」である。この論文でフロイトは、抑圧は本質的に「意識的な心の活動と無意識的な心の活動の明確な分離」（七二ページ）が行われるようになってから登場したものであること、そして「抑圧の本質は、ひたすら意識されることを拒否し、それを遠ざけることにある」（同）ことを指摘している。抑圧の働きは、意識の領域から不快な表象や記憶を無意識の領域に送り込むことにあるのである。

この抑圧の概念は当初は、不快な表象を意識から排除する防衛と同じものと考えられていたが、この論文では「抑圧は人間にとって原初的に存在している防衛メカニズムではない」（同）ことが指摘され、抑圧が防衛という排除のメカニズムからだけではなく、さらに複雑なものとして考えられるようになる。この抑圧の特徴についても、メタ心理学的な三つの見地から考察してみよう。

抑圧の三つの特徴

第一に経済論的な観点からみると、抑圧が行われるのは、欲動を満たすならば快感がえられるはずなのに、不快が生じることがあるためである。性的な欲動を満たすことは、快感原則にしたがって快感自我の目指すところであるが（これは一次過程のプロセスである）、自我の思考機能と批判機能のために、それが自我欲動にとっては、不快をもたらすことがあるのである。その場合に自我は、これを抑圧する。「抑圧が行われるための条件は、欲動の目標を達成すると、快ではなく不快がもたらされることにある」（七〇ページ）のである。

第二に力動論的な観点からみると、このように抑圧が行われるのは、不快と満足のもたらす動機の強さに違いがあるからである。「抑圧の条件となるのは、不快の動機が、満足の快感よりも強い力を獲得することである」（七一〜七二ページ）。心のさまざまな力の葛藤のうちで、満足を実現しようとする一次過程における性欲動による快感原則の欲求と、不快を避けようとする二次過程における自己保存欲動による現実原則の欲求が対立する際に、現実原則の欲求の力が強い場合に、抑圧が起こるのである。

第三に局所論的な観点からみると、無意識的な心の活動が行われる無意識の領域でのリビドーの働きと、意識的な心の活動が行われる意識の領域での思考の働きの対立において、抑圧が行われるということである。「意識的な心の活動と無意識的な心の活動の明確な分離が行われる以前には、抑圧は存在しえない」（七二ページ）のである。

二種類の抑圧

ここで重要なのは、第二の力動論的な観点からの分析である。というのも、ある欲動が抑圧される動機は、それが抑圧しようとする表象のもたらす不快さの強さがかかわることが指摘されているからである。これに関しては、抑圧には二つの段階が存在することを考慮する必要がある。そもそも抑圧されるのは、欲動そのものではなく、欲動の表象であることに注意が必要である。欲動は無意識的なものであり、それを実現することが快感よりも大きな不快をもたらすために、抑圧されるのであるが、それはまず「欲動の心的な（表象）代理が意識のうちに入り込むことを拒む」（七三ページ）という方法で実現される。これが「原抑圧」である。

この原抑圧された表象は、無意識のうちに存在しつづけるのであり、「その代理はその時から変化せずに存続し、欲動はそれに結びついたままとなる」（同）のである。この無意識のうちに存在する表象代理には、欲動のエネルギーが結びついたままである。そしてそれは「固着」しており、それが折にふれて意識の領域に入り込もうとする。それというのも、「別の場所で発生し、連想によってこうした表象代理と結びつくようになった思考傾向」（七三ページ）が、こうした表象代理を意識化させる誘因となるからである。検閲の機構はこうしたものを意識化することを拒む。これが「本来の抑圧」であり、こうした思考傾向のもつ表象は、「原抑圧を受けたものと同じ〈運命〉をたどる。したがって本来の抑圧とは、〈事後的な抑圧〉なのである」（同）。この事後的に抑圧される表象の運命が、無意識の考察において重要なテーマとなるだろう。

情動の抑圧の三つの経路

これまでフロイトは欲動は表象代理によって代理されることを指摘してきたのであり、そうした抑圧された表象の運命について、局所論的にその表象が意識に属するものか、無意識に属するものかという観点から考察してきた。表象は意識から消滅するか、遠ざけられるかであった。しかしこれとは別に経済論的な観点から欲動について考察すると、すなわち表象に固着した欲動エネルギーという観点から考えると、欲動には表象だけではなく、情動と呼ばれる動的な要素が存在することが注目されるようになる。「表象のほかに、欲動を代理する別の要素があり、この別の要素は、表象の

〈運命〉とはまったく異なる抑圧の〈運命〉をたどる可能性があることが明らかになっているからである。この心的代理の別の要素は、情動量と呼ばれている。これは表象と分離した欲動で、その量に応じて情動として感受されるプロセスにおいて表現される」（八〇ページ）のである。

この情動は、「欲動代理の量的因子」（八一ページ）であり、この欲動がこうむる「抑圧の〈運命〉」には三種類の経路が考えられている。「欲動は完全に抑圧されて、その痕跡もみつからなくなるか、なんらかの質的な色彩をおびた感情として現れるか、不安に転化するかである」（同）。

第一の経路において情動が完全に消滅した場合には、その運命をたどるのは困難である。第二の経路をたどった感情としての情動については、欲動の心的エネルギーがどのようにして情動に転換されるかという力動論的な観点が重要になる。第三の経路において生まれた不安については、欲動の心的エネルギーがどのようにして不安に転換されたかが問われることになる。

フロイトが関心をもつのは第二と第三の経路であるが、不安もまた感情の一種であることを考えると、この二つの問題は統一的な見地から考えることができる。不安な感情が発生するということは、不安が発生するということと区別できないのである。そしてこの不安の問題は、フロイトの晩年における重要なテーマとして浮上することになるだろう。

いずれにしても、不安が発生するのでは、抑圧は失敗に終わるのであり、それがさまざまな精神的な疾患として表現されることになる。「抑圧によって、不快な感情または不安の発生を避けることができない場合には、抑圧の表象の部分的な目標が達成されていたとしても、抑圧は失敗に終わったと言わざるをえない」(八二ページ)のである。次に考察される精神神経症の実例でも、この不安を中心とした情動の運命という観点から考察が行われることになる。

三つの神経症の実例

この論文では最後に三つの神経症の症例で、これらの抑圧の働きを考察している。第一の不安ヒステリーの症例は、母親にリビドーを備給した少年が父親に対して抱く不安が動物恐怖症として表現された、ハンス少年の症例「ある五歳児の恐怖症分析」と、狼にたいする不安が前面に登場した狼男の症例「ある幼児神経症の病歴」である。

これは抑圧が失敗した症例であり、「抑圧の作業は、表象を除去し、置き換えただけであり、不快の軽減にはまったく成功していない」(八五ページ)のである。

第二の転換ヒステリーの症例は、父親への愛情を意識から抑圧したために、呼吸困難や喘息が発生していたドーラの症例「あるヒステリー分析の断片」である。ここでは「抑圧の本来の目的である情動量の軽減という意味では、ヒステリーは原則として完全に成功している」(八六〜八七ページ)のである。

第三の強迫神経症の症例は、さまざまな迷信を信じ込んで、日常生活が困難になるほどだった鼠男の症例「強迫神経症の一症例に関する考察」である。この症例では抑圧によって「意識は表象を頑固に拒否しつづける。これによって、行為を抑止できるし、情動の運動性を拘束できるようになる」(八九ページ)という利得はあったが、その代償として、「強迫神経症においては、抑圧の仕事は終わりのない無益な営みとなる」(同)だろう。

「無意識について」（一九一五年）

局所論的な考察

これらの無意識に関連した論文を総決算するものとして、フロイトは一九一五年にこの「無意識について」の論文を発表した。この論文の第一節では無意識の存在についてさまざまな観点から論じた後に、第二節では、最初に取り上げた一九一二年の「精神分析における無意識の概念についての論考」で明確に規定された前意識と無意識の違いを踏まえて、まず局所論的に意識、前意識、無意識の違いが明確に規定される。

この三つの系の違いを明確に示すものは、検閲の存在である。無意識と前意識のあいだに検閲の機構が存在しているだけではなく、前意識と意識のあいだにも検閲の機構が存在しているとフロイトは考える。第一の検閲機構については、「第一の相は無意識Ubwの体系に属するものであり、ここでは心的な行為は意識されない。こうした心的な行為が検閲を通過できない場合には、第二の相に移行することは拒まれる。それは〈抑圧された〉のであって無意識のままに留まることになる」（一〇六ページ）と指摘している。これは「抑圧」の論文でも指摘された検閲の機構である。

ただしこれが唯一の検閲の機構ではない。第一の検閲を通過して前意識の系に入った心的な行為は、「意識されうる」状態になっただけであり、「何らかの条件がそなわっていれば、特別な抵抗なしで意識の対象となることができる」のである。「このような前意識が意識されるかどうかは検閲によって決定される」(同)のである。このように検閲の存在によって明確に違いが規定された三つの系は、意識、前意識、無意識の三つの審級として局所論的に明確に規定されることになる。

意識化された表象についての疑問

この局所論的な指摘を終えたところで、フロイトは重要な問いを提起する。それは無意識から前意識に移行した表象は、その身分が変動するわけであるが、そのときに、無意識のうちに存在していたもともとの表象の運命はどのようになるかということである。その表象は無意識から前意識に移行したことで、無意識における記載は消滅するのだろうか。もしもそれが消滅しないとすれば、前意識と無意識の二つの領域において、二つの表象が存在することになる。

もしも無意識にあった表象は消滅するのだとすると、それは無意識の領域から前意識の領域へと「移動した」ということになるが、心のうちで表象がごそごそと動いてその居場所を替えるというのは異様に思われるので、表象は一つであり、その表象が無意識的な表象から前意識的な表象へと身分を替えただけであると考えることになるだろう。

フロイトは二つの表象が存続している可能性を重視している。ここで、ある患者の精神分析において、ある抑圧された表象の意味について被分析者に分析結果を説明したとしよう。被分析者は分析者からその表象について言語的に説明されたことで、それを意識するようになったわけである。しかし「患者は、かつて経験したものの無意識における記憶を、前の形式のままで所有している」（一一一ページ）はずであり、そのことは、その表象の抑圧がつづけられていて、症状が改善されないことから明らかであるとされている。フロイトによると、この二つの表象が結びつけられて、意識と無意識という二つの相における身分が解消されないと、抑圧は終わらないと考える。「実際に意識された表象が、抵抗を克服して無意識の記憶の痕跡と結びつくまでは抑圧は終わらない」（一一一〜一一二ページ）のである。この興味深い問題については、次の第三節で力動論的な見地から、さらに考察が深められることになる。

力動論的な分析

第三節では、「抑圧」の論文において提起された抑圧された表象（代理）と情動の問題が検討される。まず抑圧された表象代理については、意識と無意識という区別は適用できないことが重要である。欲動そのものが意識されることはなく、意識されるのは欲動の表象代理あるいは感情や情動だけだということである。ただし欲動が無意識だというわけではない。欲動はわたしたちを動かす力であって、わたしたちは自分たちを動かす欲動について、まったく知らないわけではないのである。

むしろ欲動は意識的なものでも、無意識的なものでもないと言うべきなのである。欲動は無意識的なものでも、その表象によって代理される。「もしも欲動が表象に付随して示されなければ、あるいは一つの感情の状態として現れなければ、欲動については何も知ることができない」（一一三～一一四ページ）ことになる。言い換えれば、欲動は無意識においても表象によって代理されることで、主体が知りうるものだということである。

次に表象にともなう感情的な要素である情動については、これは感じ取られるから情動なのであって、「感情や感覚や情動が無意識的なものであるということは、まったく考えられないこと」（一一四ページ）だと言わざるをえない。しかし精神分析においては、無意識的な愛とか憎しみのように、情動について「無意識」という言葉を使うことが多い。これは情動が誤認されて他の表象の感情的な要素とみなされることが多いためである。この場合には、もともとの表象に付随する情動の動きについては、「〈無意識の〉情動の動きと呼ばねばならなくなる。ただしそれは、この情動が無意識であったわけではなく、情動の動きの表象が、抑圧に抵抗できなかっただけのことなのである」（一一五ページ）ということになる。そして精神分析においては、この誤認された情動を、もともとの表象のものとして認識させることが重要な役割になる。

対抗備給

第四節では、抑圧について力動論的な観点から考察が行われる。力動論的な観点からみると、抑圧という働きは、ある表象に備給されているエネルギーが撤収される営みである。すでに「抑圧」の論文において、抑圧には「原抑圧」と「本来の抑圧」という二種類のものがあることが確認されていた。原抑圧は、意識化すると不快をもたらす表象を意識の領域から遠ざける働きであった。この場合には、この不快な表象は無意識の領域におしとどめられている。そしてこの表象は無意識の領域からエネルギーが備給されている。

この原抑圧の場合に抑圧が働くメカニズムを考えてみると、無意識の領域と前意識の領域のあいだにある検閲機構において、原抑圧された無意識的な表象が、前意識の領域に入ることをおしとどめている力が存在しなければならない。フロイトはこれを「対抗備給」と呼ぶ。「対抗備給によって前意識Vbw系は、無意識の表象が侵入してきても保護される」（二二二ページ）のである。「対抗備給は、原抑圧による持続的な支出を代表するものであり、同時に原抑圧の耐久性を保証するものでもある。対抗備給とは、原抑圧の唯一のメカニズム」（二二二ページ）である。

これにたいして「本来の抑圧」は「事後的な抑圧」と呼べるものであり、抑圧された表象と連想などによって結びついた表象が抑圧されるものである。この場合にはその表象はそれまでに前意識の領域に存在していたか、すでに意識の領域に存在していたかのどちらかである。どちらの領域に存在していたにせよ、その表象が意識されるか、あるいは意識されうる状態にあるためには、何らかのエネルギーが備給されていたはずである。

抑圧するということは、その表象が意識されなくなるようにするということであり、その表象に備給されていたエネルギーが撤収されるということである。「抑圧が成立するのは、前意識Vbw系に属している（前）意識的な備給が、表象から撤収されることにあると考えるしかない」（二一九～二二〇ページ）のである。

この場合にその表象のエネルギー備給はどうなるだろうか。それには三つの場合が考えられる。前意識的な備給が撤収されて、備給が失われるか、それとも無意識系から備給が行われるか、あるいはそれまでもっていた前意識系の備給が無意識系の備給に代わるかである。この場合に、前意識系に存在していたこの表象から撤収された備給は、「対抗備給」として、無意識の表象が前意識系に侵入するのを防ぐことができるはずである。そうでないと、この表象は備給を新たに受け取っているために、前意識系に入り込むに違いないのであり、「そのようなことが起きれば、この表象からのリビドーの撤収が繰り返されることになり、このプロセスが無限に反復されることになる」（二二〇～二二一ページ）から、抑圧は成立しなくなってしまうのである。

不安ヒステリーにおける備給の撤収プロセス

このような備給の撤収と対抗備給という考え方は、フロイトのメタ心理学による理論的な構築によって提起された仮説であり、これだけでは説得力をもたない。そこでフロイトはこうしたエネルギーの備給と撤収という仮説によって、実際の神経症でみられるプロセスがどのように説明できるかを示そうとする。以下では代表的な不安ヒステリーについて、フロイトの考察の道筋を示してみよう。

不安ヒステリーでは、本人が意識したくない性愛的な興奮が無意識系に存在していた場合に、これが前意識に侵入しないようにするためには、この興奮からリビドーの備給を撤収しなければならない。不安はこうした興奮をもたらす表象にそなわっていた無意識的なリビドーが撤収され、その使い道がないために「不安として放出される」（一二四ページ）と考えることができる。この場合には、不安は抑圧の結果として生まれることになり、これが不安ヒステリーの発生メカニズムとされる。

ただしこのプロセスが反復されるうちに、不安が発生するのを防ぐ試みが行われるようになる。撤収された備給が不安として放出されるのではなく、代理表象に割り当てられ、この代理表象が抑圧から免れて意識される道が開かれるのである。ハンス少年の恐怖症では、父親へのアンビヴァレンツな感情が不安を生んでいたが、この不安を生まないように馬などの動物による代理表象が作りだされ、「抑圧された表象が意識Bw系の内部に浮き上がろうとすると、代理表象がこれに対抗して意識Bw系を保護する」（一二四ページ）役割をはたすようになる。

この場合に「代理表象は、ますます制御し難いものとなっている不安の情動が解発されるための出口の役割を果たすか、そのような出口として振る舞う」（同）ことになる。このようにして不安の情動が放出されることで、不安ヒステリーが防がれるのである。「敏感に警戒している対抗備給が、恐れられている代理表象から遠い場所に置かれていればいるほど、代理表象は孤立してしまうので、新たな興奮の発生を防ぐメカニズムがますます効率的に働くようになる」（一二六ページ）のである。

無意識系と前意識系の比較

第五節では、局所論的な見地から、無意識系の特徴が六つほど列挙されている。この部分は『夢解釈』の第七章で述べられていたことを総括したものである。無意識系の第一の特徴は、それが一次過程に属するものであり、快感原則の支配のもとにあることである。すなわち「無意識Ubw系で発生するプロセスは、現実について配慮しない。これらのプロセスは快感原則に従っており、その運命はそれらが持つ強さとそれらが快と不快の原則による調整プロセスの要求を満たすかどうかだけに左右される」（一三二ページ）のである。

これにたいして前意識系は二次過程に属するものであり、現実原則の支配のもとにある。前意識では、「現実吟味を実行し、現実原則に従わせる」（一三五ページ）ことを目指すのである。

無意識系の第二の特徴は、無意識系に属する欲動の動きは、たがいに矛盾することがないことである。「これらの欲動の動きは併存しつつも、たがいに影響し合わずに共存することによって、たがいに矛盾することがない」（一三一ページ）のである。これにたいして前意識では、表象の内容を相互に影響させることを目指している。前意識系は「表象の内容がたがいに影響し合えるように相互に交流させること」（一三五ページ）を目指すことになる。

無意識系の第三の特徴は、備給の強さには可動性という顕著な特徴があることである。それは表象相互のあいだで、備給をやりとりすることができるからである。「表象は置き換えのプロセスによって、その備給のすべてを他の表象に与えることができるが、濃縮のプロセスによって、他のいくつかの表象のすべての備給を自分のものとすることができる」(一三一〜一三二ページ)のである。

無意識系の第四の特徴は、無意識系で発生するプロセスには時間的な契機が存在しないことである。「これらのプロセスは時間的に秩序づけられておらず、経過する時間によって変更されない。要するに時間との関係がないのである。時間に関係づけるのは意識Bw系の仕事である」(一三二ページ)。これにたいして前意識系では、さまざまな表象の内容を「時間的に秩序づけること」(一三五ページ)を目指している。

無意識系の第五の特徴は、この系には否定や懐疑というものがないことである。「これらはすべて無意識Ubw系と前意識Vbw系のあいだにある検閲の仕事によって、初めて持ち込まれてくるのである。否定は、より高次の水準で行われる抑圧の代替物である。無意識Ubw系では、備給がより強く行われるか、より少なく行われるかという内容の違いしかない」(一三一ページ)のである。

無意識系の第六の特徴は、この系には身体動作を起こす命令を下す能力がないことである。「反射としてすでに構築されている筋肉運動を除いて、無意識Ubw系は単独では目的に適った筋肉動作を行うことができない」（一三三ページ）のである。

言語表象と事物表象

第六節では無意識系と前意識系の相互作用の問題がかんたんに考察されているが、次の第七節で無意識系の重要な特徴が示されている。それは意識系と前意識系では、表象が言語表象と事物表象で形成されているのにたいして、無意識系では表象から言語表象の側面が欠如しているということである。

この問題を提示するためにフロイトは、統合失調症の患者と神経症の患者における表象の取り扱い方の違いを説明している。フロイトが示している実例では、ある男性の患者は自分の顔のニキビを潰しながら、去勢コンプレックスを実演し、「自分の顔の皮膚の状態が悪いと言って、人生のあらゆる関心事から身を引いている。彼は自分の顔にニキビができていて、そこに深い穴があいているので、誰もがそれを見つめていると主張する」（一五五ページ）のだった。この患者はオナニーの代用として、ニキビを潰して、そこにたまっている体液を放出することに快感を感じていたのであるが、やがては「彼の罪によって生まれた穴は女性の性器を示すものとなる。すなわちオナニーによって強まった去勢の威嚇が実現された結果」（一五五ページ）となったわけである。オナニーをすることは去勢の脅威を生むが、その脅威を無視してオナニーをつづけたために、彼は去勢され、女性になり、顔に膣が形成され、誰もがそれをみて、彼の秘匿しているオナニーという行為を非難していると感じているのである。

神経症の患者であれば、「中空になっているあらゆるものを膣と比較する」（一五六ページ）だろうが、「皮膚の毛穴のような小さな穴を、膣の象徴とみなすことはないだろう」（同）とフロイトは指摘する。統合失調症のこの患者は、ニキビを潰すときの体液の放出の行為とオナニーの際の体液の放出の行為を同等のものと考え、皮膚の穴であるニキビの潰し跡と女性の穴である膣を同等のものと考える。そこで支配しているのは、「放出」や「穴」という事物的な同等性ではなく、言語的な同等性である。「ニキビを潰すこととペニスから射精することのあいだには、事物としてみればほとんど類似したところはないし、皮膚にあいた無数の浅い穴と女性の膣の類似は、さらに小さなものである。ところが言語としてみれば第一の場合には何かを飛び出させるという表現で共通しており、第二の場合には文字通りシニカルな意味で、〈穴は穴である〉という命題があてはまる」（一五七〜一五八ページ）のである。

この症例について考察しながら、フロイトは事物表象と言語表象という重要な区別を提起している。すべての表象は「言語表象と事物表象に区別される」（一五八ページ）。ただしこの場合に事物表象というのは、直接の知覚から生まれた記憶像で作られた表象ではなく、そこから生まれた想起痕跡からの備給によって作られたものである。これにたいして言語表象は、この事物表象に言語が割り当てられることによって作られるものである。当然ながら言語表象は、意識系あるいは前意識系における思考の働きによるものであり、高度な心的な能力の産物である。

事物表象は一次過程のうちから存在するが、言語表象は二次過程において誕生するものである。事物表象は知覚の同一性のプロセスの結果として生まれうるが、言語表象は思考の同一性のプロセスからしか生まれない。このように考えると、事物表象は無意識の領域において存在する表象であり、言語表象は前意識の領域において、この事物表象に結びつくことで生まれるものであることが想定できる。

これは次のように言い換えることができる。「無意識Ubw系は、対象についての事物の備給を含んでいる。これは最初のもともと固有の対象についての備給である。前意識Vbw系は、この事物表象が、それに対応した言語表象と結びついて過剰備給されることによって生まれるのである。このような過剰備給は、より高次の心的な体制を作り出すのであり、前意識Vbw系を支配している二次過程が一次過程を引き継ぐことを可能にする」（二五九ページ）。ニキビの例で言えば、統合失調症の患者では、「穴」という語によってニキビの潰し跡と女性の膣が同一視され、「放出」という語によってニキビを潰す行為とオナニーという行為が同一視されているのである。

神経症の患者では、前意識の系が保存されているために、表象はその事物表象と言語表象との結びつきを維持している。そのためにニキビの穴と女性の膣とを同一視することがないのである。ところが統合失調症の患者では、この結びつきが破壊されている。それでいて、ニキビの「穴」と女性の「膣」が、言語表象によって同一視されているのである。このように統合失調症においては、事物表象の結びつきよりも、言語表象の結びつきが優位に立っているのである。「対象表象に対応する言語表象が、ある種の強い備給を受けているということは、奇妙なことと思われる」（一六二ページ）というのである。

これはどうしてだろうか。フロイトはこのように統合失調症の患者において言語表象に強い備給が行われるのは、「抑圧行動によるものではなく、最初の復旧あるいは回復の試みを示すもの」（一六二〜一六三ページ）と考える。患者は言語表象と事物表象の結びつきが断たれているのに、あるいは断たれているからこそ、「失われた対象をふたたび獲得しようとするものであるが、そうした試みのうちで対象の言語的な要素を通じて対象に到達しようとしながら、事物の代わりに言語で満足しなければならなくなる」（一六三ページ）と考えられるのである。

フロイトはこの論文の二年後の一九一七年に発表する「夢理論のメタ心理学的な補足」という論文で夢について分析しながら、夢のなかでは昼間の残滓としての言語表象が、事物表象として扱われる場合があることを指摘することになる。(7) 統合失調症においても、前意識の領域にある言語表象が、無意識の領域にある事物表象と同一のものとして扱われることがある。そのために「穴」という言語表象の同一性によって、顔の穴であるニキビの潰し跡と女性の身体の穴である膣が同一視されることになるのである。統合失調症の患者はこのような方法で自分なりに現実を再構築しようと努力しているのである。

「想起、反復、徹底操作」（一九一四年）

無意識的な記憶の想起

この論文はいわゆる技法論に属するものであるが、無意識的なものとなった記憶が想起されるプロセスがどのようなものであるかを考察しており、フロイトの記憶論としても無意識論としても注目すべき内容をそなえている。この論文でフロイトが注目する想起のプロセスは、「今までまったく気づいたこともなく、一度も意識されたこともないために、そもそも〈忘却された〉などとは言いえないようなことが、〈想起される〉という出来事」（五二ページ）である。このような無意識的な記憶の想起は、隠蔽記憶のメカニズムとともに、無意識の働きの不思議さを示すものとして、精神分析においては重要な意味をもつものである。

行為化と転移

これと関連して注目すべき点は、精神分析を受けている被分析者が、抑圧された記憶を想起するのではなく、行為によって反復するということである。しかも被分析者は、自分がそのように過去の自分を反復して行為していることを知らない。後催眠暗示のように、自分では意識がないのに、そのような行為をしてしまうのである。

たとえば被分析者が幼い頃に、両親の権威に反抗していたとしよう。そして被分析者はそのことを意識からは抑圧して、無意識的な記憶として保持していたとしよう。その場合に被分析者は過去の自分を思い出して、それを記憶として想起するのではなく、現時点で両親に似た立場をとる分析者にたいして、かつて両親に示していたような「反抗と不信の態度をとってみせる」（五五ページ）のである。「患者は忘れられたものや抑圧されたものについては、何も想起することはなく、それを行為によって表現する」（五四～五五ページ）わけである。

フロイトがこの行為による表現の現象に気づいたのは、症例ドーラにおいてだった。フロイトはドーラの治療に失敗したが、それはドーラがフロイトにたいして「転移」を起こしていたのに、それに適切に対処できなかったからである。フロイトはドーラの治療が時期尚早に中断されたのは、「転移をタイミングよくうまく制御することができなかった[8]」ためだと語っている。

この転移とは、分析者と被分析者のあいだで治療においてほとんどつねに現れる現象であり、行為化という現象の一つの典型的な現われである。転移とは、分析においで呼び覚まされた過去の感情の動きの「複製品」であるが、それが分析者とのあいだで、行為として表現されるもののことである。「この転移という領域に特徴的なのは、以前の人物が医者という人物によって代用されることである。別の言い方をすれば、一連の過去の心的体験全体が、過ぎ去った体験としてではなく、医者という人物との現在進行中の関係として息を吹き返すのである」(9)。

被分析者と分析者の関係が良好なあいだは「穏やかな陽性転移のもとで治療が始められる」(五八ページ)ことになり、被分析者は分析者を信頼しているために、過去の記憶を想起することができる。ところが治療が進むうちに、被分析者が分析者に敵意を感じるようになることがある。そうすると抑圧が必要となり、「そこで記憶の想起の代わりに行為化が行われるようになる」(同)のである。

この場合には行為化において、「抵抗の性質によって、反復されるものの順番が決定されるのである。いわば患者は過去という兵器庫から武器を取り出して、それによって分析の継続から身を守ろうとする」(同)のである。この反復されるものは、「抑圧されたものを源泉として、すでに彼の本質の中に確立されているすべてのものである。すなわち制止されることによって無用なものとなっていたすべての精神的な態度や、病原としての性格的な特徴などのすべて」(五九ページ)が反復されることになる。

行為化と治療

このような行為化は治療には厄介なものであるが、被分析者が抑圧しているものが何であるかを理解するためには役立つ。行為化に現れる「反復強迫は、被分析者の心的な生のうちに隠されている病的な欲動をわたしたちの目の前に展開してみせてくれる」(六五ページ)からである。しかし治療のためにはこの行為化の衝動を、「心的な領域のうちにとどめて」(六三ページ)おくことが必要である。すなわち「患者が行動によって発散したいと望んでいることを想起の作業によって解決すること」(同)を目指すことになる。分析者は被分析者とのあいだで生まれた転移の関係を活用して、「治療において重要な意味をもつ患者のそうした反復行為を阻止して、この反復行為を行おうとする意図を、それが生まれる地点において、治療のための素材として利用する」(同)ことを目指すことになる。

転移もまた行為化の一つの現れであることが多いのであるから、治療においては行為化の産物の一つである転移を利用しながら、患者において無意識的な反復強迫である行為化を防いで、それを意識化させ、無意識的なものとなっていた記憶を想起させるように試みるのである。そのために、治療においてもこうした作業を反復することで患者の反復強迫に対処する必要があるのであり、これが「徹底操作」と呼ばれるのである。

『集団心理学と自我分析』（一九二一年）

この著作の目指すもの

第二部に収録したのは、一九二一年に著作として刊行された『集団心理学と自我分析』である。これは『トーテムとタブー』以来のフロイトの社会哲学的かつ文明論的な考察の一環を占める重要な著作であり、無意識という問題領域をはるかに超えた射程をそなえたものである。とくに軍隊と教会の分析は、自我理想がもたらす社会統合の役割を解明したものとして、きわめて興味深い。

　ただしここでは無意識についての考察という観点から、いくつかの重要な論点を指摘しておくにとどめたい。この著作でフロイトは二つの観点から集団心理を考察しようとしている。一つの観点は、集団心理と個人の発達史における心理、とくに神経症との関係を考察しようとするものである。これは集団のうちで働く無意識と、個人のうちで働く無意識の関係を深く掘り下げようとするものである。これは深層心理からの考察である。もう一つの観点は、集団心理と人類の発達史における心理を結びつけて考えようとするものである。これは集団心理についての系統発生学的な観点からの考察である。

個人の無意識と集団の無意識の関係の観点

　まず集団の心理と個人の発達史の関係についてという観点からの考察を検討してみよう。この著作でフロイトはル・ボンの『群衆心理学』などの集団心理についての著作を詳しく紹介しながら、「集団において個人の精神がどのようにして変化していくか、心理学的に説明する」（二〇三ページ）ことを目指している。集団においては、個人の自己保存欲動など、人間にとってもっとも基本的なものと考えられてきた原則が維持されない場合があることが明らかになってきたからである。

集団心理学者はこのことを「暗示」「模倣」「伝染」などの概念によって説明しようとしたのだが、このような社会学的な概念では、集団に加わった個人において、どのような無意識的なメカニズムが働いているのか、それが個人であるときに存在していた心理的な働きにどのような影響を与えるのかを説明することはできない。集団心理とは、個人の心理現象を支配している原則が適用されない無意識の心理なのである。

集団心理を分析する方法

そこでフロイトは暗示ではなく、リビドー（エロスあるいは愛）の概念によって集団に加わった個人を支配する無意識のプロセスについて考察しようとする。「集団精神の本質をなすのが愛の関係であるという前提に立って、考察を始める」（二一一ページ）ことを試みるのである。集団に加わった個人は、他者との「感情の結合」によって動かされているのであり、「感情の結合が、集団精神の本質であると考える」（二一一～二一二ページ）のである。

この理論を裏付けるためにフロイトは、西洋において基本的に重要な集団である二つの人為的な集団、すなわち軍隊と教会について分析することを提案する。この二つの「一次集団」にはいくつかの重要な共通点がある。第一の共通点は集団への加盟がある意味では強制的なものであり、「自由意志に任されることもない」（二二四ページ）し、「集団から脱退しようとすると迫害を受けるか厳しく処罰されるのであり、あるいは何らかの条件によって束縛される」（同）ことである。ウェーバーであればこうした集団を「アンシュタルト型の団体」と呼ぶだろうが、(10) カトリック教会へは、生まれた時点で本人の了承なしに洗礼によって帰属することが決定されるし、徴兵制の軍隊には、本人の意志を無視して強制的に所属が命じられるのである。

第二の共通点は、その頂点に立つ特別な首長が存在することである。「集団のすべての個人を平等に愛する首長が存在するという虚構あるいは幻想が存在することである。このような首長とはカトリック教会においてはキリストであり、軍隊においては司令官である」（二二五ページ）。フロイトは、この幻想が崩壊すると、その団体もまた崩壊する危険に直面することを指摘している。

第三の共通点は、この首長はその団体の成員を平等に愛することを明言しているのであり、こうした団体の内部では、すべての成員が首長に愛される権利をもつという意味で対等な存在だということである。もちろん団体内部に厳しい階層制は定められているが、制度とは別の精神の次元では民主主義と平等性が貫かれていることをフロイトは指摘する。

これは、「教会と軍隊というこの二つの人為的な集団にあっては、集団を構成する個人は一方では指導者（キリストあるいは司令官）にリビドーによって結びつけられ、他方では集団を構成する他の個人ともリビドーによって結びつけられている」（二一八ページ）と表現されている。フロイトがこの著作で検討しようとしているのは、このようなリビドー的な結びつきが、集団心理という無意識の心理を、どのような形で作りだしているかということである。

この問題にフロイトは三つの道筋で取り組む。パニックという現象を手掛かりとする道筋、ナルシシズム分析を手掛かりとする道筋、同一視という概念を手掛かりとする道筋である。

パニックの分析の道筋

まずきわめて集団的な現象であるパニックという現象の考察から始めよう。ある国語辞典ではパニックについて、「災害など、思いがけない事態に直面した際に群衆が引き起こす混乱状態」と説明している。この混乱状態は群衆を構成する個人の心的な危機感から生まれるものであり、単独の個人ではほとんど発生しないものである。

それまでの群衆心理学ではパニックについて、集団の個々の成員が感受する危険が大きくなったために、それまで個々の成員を結びつけて集団を構成していた「配慮や結びつきが見捨てられる」(二二〇ページ)ことによって生まれると考えていた。集団の直面する危険が大きくなったために、集団を結びつけていた絆が切れたと考えていたのだ。これはたとえば映画館で火災が発生した時のような偶発的なパニックの場合には適切な理論だろう。

ところがフロイトは、教会や軍隊などのアンシュタルト団体におけるパニックを考察しているのであって、それとは逆に考える。何らかの原因で集団を構成していた絆が崩壊したために、個々の成員が個人として危険と直面しなければならなくなったので、パニックが発生したと考える。それまで成員を集団の一部としてきた「リビドー的な構造」が緩んだことが原因となって、「その人は危険に一人で立ち向かうようになったために、危険を過大評価するようになった」(二二一ページ)というのである。

たんに大きな危険であれば、それまでにも軍隊や教会は繰り返し直面し、切り抜けてきたのである。しかしその地点でパニックが発生したのであれば、それは集団を維持する基本的な要素が揺らいだために違いない。集団を結びつけていた根幹である「感情的な結びつき、すなわちリビドーの備給が失われ」（二二二ページ）るような事態が起きていたはずである。フロイトはこのような事態において発生しているのは、個人における「神経症的な不安」（同）と同じような性格のものであると考える。

フロイトは、パニックを発生させるようなリビドーの備給の喪失を招く事態の代表的なものとして、これらの人為的な集団の根本的な特徴の一つであった指導者への愛の喪失または指導者への信頼の喪失があることを指摘している。「何らかの形で指導者を失うことや、指導者に疑念を抱くことは、その危険度とは関係なしに、パニックを暴発させるのである。指導者との結びつきがなくなると、通常であれば集団を構成する個人のあいだの結びつきも失われる」（二二四ページ）からである。

この分析から明らかになったのは、集団を構成し、集団の成員のあいだの平等な愛という集団に典型的にみられる心理を作りだしているのは、集団の指導者とのリビドー的な結びつきだということであり、この結びつきが失われると、集団のすべての成員が、個人の神経症的な不安に類似した不安に襲われるということである。このパニックの経路による集団的な無意識の分析は、集団を構成する重要な要因である指導者とのエロス的な結びつきの崩壊が、集団を破壊する場合があることを明らかにしたのである。さらに宗教が個人の神経症に似た症状であることを主張するフロイトの宗教論的な考察も、ここに流れ込んでいるのは明らかだろう。

ナルシシズム分析の道筋

第二の道筋は、個人はナルシシズムと自己保存欲動によって動かされていると考えられるにもかかわらず、集団においては利他的な行動がみられること、群衆は野獣のような振る舞いをすることが確認されているにもかかわらず、ときに集団においては個人の道徳性を上回る道徳性が実現される場合があることに注目するものである。このような謎は、集団においては「新たなリビドー的な結びつきが作り出される」（二三一ページ）ことによってしか説明できないとフロイトは考える。

このような集団心理の謎を解く鍵は、個人の無意識のうちにみられる「惚れ込み」という現象にあるとフロイトは指摘する。これは男性に多くみられる現象であり、惚れ込んだ相手の女性への愛にリビドーの備給を注ぎ込んでしまって、ナルシシズム的な自己愛のためのリビドーが枯渇してしまう現象である。集団においても、個々の成員における「ナルシシズム的な自己愛が抑制される」（二三三ページ）という現象が確認されているのであり、これは個人における「惚れ込み」と同じメカニズムによるものと考えられる。

集団において個々の成員が自己保存欲動を放棄したかのように思われる現象が発生するのは、この「惚れ込み」に似たリビドーの備給が、集団の内部の仲間にたいして向けられたことによるものと、フロイトは考える。この同僚へのエロス的な感情は、女性に向けられるのとは異なり、同性愛的な要素が強いものとなっている。これは「共通の仕事によって結びつけられている他の男性に対する昇華され、脱性愛化された同性愛」（同）に近いものとして現れることがあるのである。集団の仲間にたいする同性愛的なリビドーの備給が、集団の絆を堅固なものとしていると考えられるのである。

同一視の分析の道筋

集団の絆となる新しいリビドー的な絆を作りだす無意識の心理的なメカニズムの第三の道として、フロイトは「同一視」を挙げている。惚れ込みに似たエロス的な感情が集団の他の仲間たちとのあいだでのリビドー備給の主要なメカニズムだとすると、同一視は集団の指導者にたいするリビドー備給の主要なメカニズムであると考えられる。

同一視はすでに考察したように、エディプス・コンプレックスの背後にある心理的なメカニズムとして、よく知られているプロセスである。少年は父親にあこがれて、父親のようになりたいと願う。そこには、自分も父親と同じ人間になりたいと願う気持ちが働いている。「幼い男の子は父親を理想にしている」（二三六ページ）のである。この同一視においては、少年の自我がある意味で分裂している。父親と同じ人間になりたいと考えている少年のうちで、理想を体現した自我と、理想を体現することができず、「〈手本〉とみなされた他の自我に照らして、自分の自我を形成しようと努力している」（二三八ページ）自我が分裂したままで存在しているのである。

フロイトはこのように手本とみなされた自我を「理想自我」あるいは「自我理想」

と呼んでいる(この二つの概念は厳密には異なるものであるが、フロイトはその違いを無視することがある)。この理想自我は、現実の劣った自我を厳しいまなざしで眺めて、理想にいたらない自我を叱責することになる。「この自我理想には自己の観察、道徳的な良心、夢の検閲、抑圧を加える主要な影響力の行使などの機能がある」(二四四ページ)のである。ただしこの理想自我はこのように自我を厳しく批判する審級であるが、実際には少年は自分がそのような理想を実現することができることを信じているのである。この確信の背後にあるのは、そのような理想的な自分への愛が存在している。この理想自我はナルシシズムから生まれたものなのである。

集団における指導者への愛には、このような理想自我の働きが存在することをフロイトは指摘している。理想的な指導者のうちに、集団の成員は自分の理想自我を投影する。指導者を愛するのは、自分の理想とする自我を愛することなのであり、ナルシシズムが姿を変えてそこに実現されているのである。この指導者を愛するのは、「自分の自我がそうであるべきであるとされた完全さをそなえているとみなされるからである。その人は自分の自我のために手に入れようと願っていた完全さが、この迂回路を通じて獲得できると考えて、ナルシシズムを満たすのである」(二五二〜二五三ページ)。

興味深いのは、集団の感情的な絆を作りだす「惚れ込み」のメカニズムと、理想自我による「同一視」のメカニズムは、たがいに補い合うことができるということである。そもそも集団の成員がなぜ他の仲間たちに惚れ込むのかという理由については、これまで説明がされていなかった。同性愛的なリビドー備給が行われることは語られていたが、なぜ同性愛的な惚れ込みが発生するかは語られていなかったのである。

ところが同一視によって、ナルシシズム的な理想自我が指導者に体現されるメカニズムが説明されることで、この惚れ込みのメカニズムも説明できるようになる。すべての成員はナルシシズム的な愛を指導者に向けているとされる。ここに二つの同一視の要因が存在する。第一に、すべての成員は、指導者に自分の理想自我を投影しているという同じリビドー備給の向け方をしている。これによって集団のすべての成員はたがいを、同じような理想自我の投影を行っている仲間として同一視することができる。誰もが似た者どうしなのである。

第二に、理想自我を体現している指導者は、すべての成員を同じように平等に愛している。この愛によってすべての成員は、指導者に同じように愛された者どうしとして、他の仲間たちを同一視することができる。こうして、教会や軍隊などの一次集団のエロス的な絆について、次のように説明することが可能となった。「このような一次的な集団とは、同一の対象を自我理想とすることによって、たがいの自我が同一視し合うような個人の集まりである」（二六〇ページ）。

系統発生学的な観点

この著作における無意識の考察の第二の観点は、集団心理を人類の発達史という側面から考察するものであり、『トーテムとタブー』で示された問題意識を受け継ぐものとなる。フロイトは単独で独立した個人の心理というものは、比較的新しいものであり、原始的な人間の心理は、集団心理に近いものだったと考える。「現代のあらゆる個人のうちにも原始人が潜在的に存在していて、人々が任意に群れるとそこに原始群族が再現される」（二七四ページ）というわけである。

フロイトはこうした原始群族の心理として、「個人の意識的な人格が失われ、すべての人々が思考と感情を同じ方向に向ける傾向があり、情動性と無意識的な心の動きが優位に立ち、何らかの意図を思いつくとすぐにそれを実行しようとする傾向があるなどの特徴をそなえている。これらはすべて原始的な精神活動に退行した状態にふさわしいもの」（同）と指摘している。

フロイトがなぜこのように原始的な集団心理が現代の個人の心理の背後に控えていると考えるかというと、原始的な群族を支配する心理的な構造が、現代の核家族で支配的な心理構造と同じような性格のものだと考えるからである。フロイトは原始的な集団には「二種類の心理が存在していた」（二七五ページ）と指摘する。一つは現代の一次集団と同じように、集団の頂点に存在していた「父親、首領、指導者の心理」（同）である。もう一つは集団の構成員である人々の心理である。これらの構成員は父親の息子たちであり、現代と同じように、原始群族の指導者である原父を崇め、原父に支配されていた。そして彼らは原父を自我理想を体現した存在として愛しながら、たがいに同胞である他の息子たちとも、同胞としてたがいに愛しあっていたのである。

このように現代の軍隊などの一次集団を支配する心理構造と、原父に率いられた古代の原始群族を支配する心理構造は、ほとんど同じものなのである。原父は主人として、「完全にナルシシズム的でありながら、自信に満ちた自律的な存在」（二七六ページ）であった。「軍隊や教会では、指導者はすべての個人を同等に、公平な形で愛するという虚構が信じられていることが、集団をまとめ上げる方法として利用されているが、これは原始群族の置かれた状況を、できるだけ理想的な形で改造したものにほかならない」（二七八ページ）というわけである。ここではこれ以上は立ち入らないが、このテーマは最晩年の『モーセと一神教』にいたるまで、フロイトの晩年の考察の一つの重要な水脈となるものである。

このようにしてフロイトはこの著作において、集団心理と個人の無意識との関係について、個人の発達史と系統発生の歴史という二つの観点から考察しながら、集団においていかにリビドー的な要素が強く働き始めるかを明らかにしたのである。これは催眠や神経症の症例などとも密接に関連したものであり、集団心理の考察は、さまざまな側面からフロイトの理論を確証するものとして活用されたのである。

（1）フロイト『夢解釈』。『フロイト全集』第五巻、岩波書店、四二一ページ。
（2）同、四〇五ページ。
（3）同。
（4）同、四〇五ページ。

（5）フロイト「欲動とその運命」。フロイト『自我論集』ちくま学芸文庫、中山元訳、二一二ページ。

（6）フロイト「ナルシシズム入門」。フロイト『エロス論集』ちくま学芸文庫、中山元訳、二三七ページ。

（7）フロイト「夢理論のメタ心理学的な補足」。『フロイト、夢について語る』中山元訳、光文社古典新訳文庫、二四三ページ。

（8）フロイト「あるヒステリー分析の断片」。『フロイト全集』第六巻、岩波書店、一五四ページ。

（9）同、一五二ページ。

（10）マックス・ウェーバー『理解社会学のカテゴリー』林道義訳、岩波文庫版参照。ウェーバーは、アンシュタルト型の団体の三つの主な特徴として、個々人の団体への所属が、所属を目指して目的合理的になされる彼自身の努力なしに、諒解によって決まること、所属について定められた明確な規則はないが、諒解によって効力をもつ規則が定められていること、そして諒解に敵対して行動する成員にたいして強制が振るわれることを挙げている（同書七九ページ参照）。

フロイト年譜

一八五六年

東欧のモラビア（現チェコ共和国東部）の町フライブルクのユダヤ人商人の一家の長男として生まれた。ただしフロイト家はその頃にはユダヤ教の儀礼は採用しておらず、わずかに年数回のユダヤの宗教的な祭を祝うにすぎなかった。しかしユダヤ人としての出自は消えず、フロイトは父が町でユダヤ人にたいする嫌がらせで帽子を叩き落とされて、屈辱を味わわされるのを目撃している。この事件は父親にたいするアンビヴァレント（両義的）な感情を高めるとともに、ユダヤ人であることの意味を考えさせることになった。

一八六〇年　四歳

フロイト一家、ウィーンに移住。経済的には苦しい生活を強いられる。フロイトはウィーンは嫌いだと語ることが多かったが、事態が絶望的になるまでは、決してウィーンを離れようとはしなかった。

一八七三年　一七歳

ウィーン大学医学部に入学。生理学者

のブリュッケのもとで学び、顕微鏡によるザリガニの神経細胞の研究で優れた業績をあげている。一八八一年に医学の学位を取得。翌年には、マルタ・ベルナイスと出会って、婚約する。

一八八五年 二九歳
パリを訪問して、シャルコーの有名なヒステリー治療の講義に出席する。それまでにフロイトは、コカインの利用に関する論文を発表して注目されていたが、このときの強烈な体験で、心理学の分野に進むようになる。

一八八六年 三〇歳
ウィーンで神経症の治療を開始する。この治療の経験がやがてブロイアーとの共著『ヒステリー研究』(一八九五年)に結実する。この年、マルタと結婚。

一八九五年 三九歳
『ヒステリー研究』刊行。どれも興味深い症例だが、アンナ・O嬢の分析は、フロイトが催眠術を利用するのをやめて、患者に語らせる「カタルシス」療法を始める決定的なきっかけとなる。

一九〇〇年 四四歳
『夢解釈』(邦訳は『夢判断』)を刊行。すでに一八九五年頃から神経症の治療というよりも精神分析というべき治療法を確立していたが、その重要な方法が患者に夢を語らせることであった。見た夢について患者に尋ねることで、患者の無意識があらわになることが明らかになってきたのである。「夢の解釈は、精神生活の無意識を知るための王道だ」と考えていたフロイトはこの著書で、主として自分の夢を手掛かりに、無意識の表象の重層的な意味の分析方法を明かしたのである。

一九〇一年　四五歳

『日常生活の精神病理学』を刊行。フロイトにとって、無意識が存在することを示す兆候は、三つあった。神経症という病、夢、そして日常生活におけるうっかりした言い間違えや忘却などである。すでに疾患と夢について考察していたフロイトは、この書物でこの第三の兆候について詳細に検討した。

一九〇二年　四六歳

ウィーンのフロイト宅で水曜日ごとに私的な集まりを開くようになった。これがウィーン精神分析協会の始まりである。この協会には、フェレンツィ、ランク、アドラーなどが集まった。後にはアーネスト・ジョーンズが参加してロンドンに精神分析協会を設立し、やがてユングも参加してチューリッヒに精神分析協会を設立する。こうしてフロイトの精神分析の運動は、世界的な広まりをみせるようになる。そして弟子や仲間たちの背反の歴史も始まる。

一九〇五年　四九歳

『性理論三篇』刊行。精神分析の中核となるのは、幼児期の性的な体制の理論とエディプス・コンプレックスの理論であるが、これらの理論を明確に提示したのが、この重要な理論書である。
また同年に、『あるヒステリー患者の分析の断片』を発表（症例ドラ）。これは分析が失敗に終わったドラの分析記録であり、以後フロイトは重要な症例分析を次々と発表する。ウィーン精神分析協会の参加者の一人の息子ハンスの動物恐怖症を分析した記録『ある五歳男児の恐怖症分析』（一九〇九年、症例ハンス）、強い父親コンプレックスに悩まされていた強迫神経症の患者の分析である『強迫神経症の一症例に関する考察』（一九〇九年、症例・鼠男）、ドイツの裁判官のパラノイアの分析として名高い『自伝的に記述されたパラノイア（妄想性痴呆）の一症例に関する精神分析的考察』（一九一一年、症例シュレーバー）、ロシアの貴族の強迫神経症の分析である『ある幼児期神経症の病歴より』（一九一八年、症例・狼男）は、フロイトの五大症例として有名であり、精神分析の世界ではいまなお模範的な症例分析とされている。

一九一四年　五八歳

『ナルシシズム入門』発表。第一次世界大戦の勃発にともなう政治的、文化的な危機と、極限状態における人々の異様な反応は、フロイトにそれまでの理論的な体系の再検討を促すものだった。こうしてフロイトはメタ心理的な理論を構築するようになる。そのきっかけとなったのがナルシシズム論の再検討だった。この状況は「戦争と死に関する時評」(一九一五年)にありありと描かれている。

一九一五年　五九歳

『欲動とその運命』刊行。この書物はフロイトの新しいリビドー論を展開するものであり、新たな理論構想が胎動したことを告げる書物である。その後「抑圧」「無意識について」などのメタ心理学の論文が次々と発表される。

一九一七年　六一歳

メタ心理学の論文のうちでも、フロイトにとってとくに重要な意味をもっていたのが、死と喪についての論文「喪とメランコリー」である。この論文でフロイトは新しいリビドーの理論をナルシシズムの理論と結びつけて展開する。これが後に死の欲動という新しい理論に結実することになる。

一九二〇年　六四歳

『快感原則の彼岸』刊行。これはそれまでの自己保存欲動とエロス欲動という二元論的な構成を、死の欲動とエロスの欲動という二元論に組み替えるにいたった注目すべき論文である。ラカンなど、後の精神分析の理論家に大きな影響を与える書物となる。

一九二三年　六七歳

『自我とエス』刊行。新しい欲動論が登場したため、自我の審級論にも手直しが必要となる。後期のフロイトの自我の局所論を示す重要な著作。この年、口蓋部に癌を発病。以後、長くこの病に悩まされる。晩年のフロイトは体調不良の中で執筆をつづけることになる。

一九二七年　七一歳

『幻想の未来』刊行。フロイトの宗教批判を初めて明確なかたちで訴えた書物。宗教だけではなく、宗教という「病」を生んだ西洋の社会にたいするまなざしも鋭い。

一九三〇年　七四歳

『文化への不満』刊行。『幻想の未来』の論調をうけつぎながら、西洋の文化と社会にたいする批判をさらに研ぎ澄ませた書物。超自我と良心の理論、昇華の理論、不安の理論など、それまでの精神分析の理論的な成果を文明批判に応用することによって、精神分析がたんに患者の治療に役立つだけではないことを示したのである。精神分析の理論が政治理論の分野に進出した異例な書物でもある。

一九三三年　七七歳

ヒトラーがドイツで権力を掌握。オーストリアもファシズム国家になる。ユダヤ人迫害も厳しさをまし、国際連盟の無力さがやがて明らかになることになる。この前年フロイトはアインシュタインと書簡を交換し、人間が戦争に赴く理由について考察した「人はなぜ戦争をするのか」を書き、この年に発表している。この書簡のペシミズムは、その後のフロイトを支配する主要な傾向の一つとなる。
またこの年に、『精神分析入門（続）』を刊行。これは『精神分析入門』（一九一六〜一九一七年）の続編として、フロイトの後期の理論体系を講義としてわかりやすく語ったものである。

一九三八年　　八二歳
ドイツがオーストリアを占領。ヒトラーがウィーンに到着した三月一三日以降、ウィーンではユダヤ人迫害の嵐が吹き荒れる。三月一五日にはフロイトの自宅が家宅捜索され、二二日には娘のアンナが逮捕され、ゲシュタポに連行されたが、無事に帰宅できた。六月四日にはフロイト一家はウィーンを離れ、六日にはロンドンに到着した。しかしフロイトの五人姉妹のうちの四人までが収容所やゲットーで死亡することになる。

一九三九年　　八三歳
フロイトの西洋文明とキリスト教批判の最後の言葉である『モーセと一神教』刊行。『トーテムとタブー』（一九一三年）の原始社会の誕生に関する考察を敷衍しながら、この書物で検討していたトーテミズムを端緒とする西洋の宗教の歴史の全体を展望する壮大な書物である。また同時に、ユダヤ教についての長年の考察をまとめ、さらにキリスト教批判と、ユダヤ人迫害の背景についても考察した遺著となる。この年の九月二三日、癌のために死去。

訳者あとがき

無意識という概念は言うまでもなく、精神分析にとって理論の核心をなすものである。フロイトの文章において無意識について語られていないものはないと言っても差し支えないだろう。本書ではこの無意識という精神分析の根幹をなす概念について、個人の心理学の観点から考察した重要論文と、集団心理学の観点から考察した著作『集団心理学と自我分析』を収録した。個人の無意識について考察した文章としては、「無意識について」という長文の論文が中心となるが、この論文にまとめられる以前からのフロイトの無意識の理論の変遷がうかがえるような論文も収録してある。

本書の中心となるのは何よりも集団における無意識の現象について考察した『集団心理学と自我分析』である。この著作は、軍隊や教会などの集団における個人を超えた無意識の働きについて、社会哲学的かつ文明論的な観点から分析を展開したものであり、後期の『文化への不満』や『モーセと一神教』につながる広い視野を切り開いたものとして、注目すべき著作である。この著作においては、個人の発達心理学の観点から、集団において人々の無意識がどのように現象するのかを考察するとともに、人類の系統発生学的な観点から、原始的な人間における心理が集団心理に近いものであり、人々が集団を形成すると、この原始的な心理が無意識のうちに現象することを示している。わたしたちが集団において日頃の振る舞いからは想像もつかないような行動をとる理由は、近代においてはとくに群衆という現象との関連で考察されてきたが、フロイトはそこに原初的な人間の心理の再現をみいだしたのである。無意識というものはわたしたちの日常において夢や心の病のうちに表現されるだけではなく、集団における行動としても表現されるものなのである。

本書はいつものように、光文社古典新訳文庫の創刊編集長である駒井稔さんと編集者の今野哲男さんの励ましをきっかけとし、翻訳編集部の中町俊伸さんのこまやかなご配慮と、編集者の中村鐵太郎さんの細かな原文チェックを支えとして誕生したものである。いつもながらのご支援に、心から感謝の言葉を申しあげたい。

中山元

光文社古典新訳文庫

フロイト、無意識《むいしき》について語《かた》る

著者　フロイト
訳者　中山《なかやま》元《げん》

2021年11月20日　初版第1刷発行

発行者　田邉浩司
印刷　新藤慶昌堂
製本　ナショナル製本

発行所　株式会社光文社
〒112-8011東京都文京区音羽1-16-6
電話　03（5395）8162（編集部）
03（5395）8116（書籍販売部）
03（5395）8125（業務部）
www.kobunsha.com

ISBN978-4-334-75453-2 Printed in Japan

いま、息をしている言葉で、もういちど古典を

長い年月をかけて世界中で読み継がれてきたのが古典です。奥の深い味わいある作品ばかりがそろっており、この「古典の森」に分け入ることは人生のもっとも大きな喜びであることに異論のある人はいないはずです。しかしながら、こんなに豊饒で魅力に満ちた古典を、なぜわたしたちはこれほどまで疎んじてきたのでしょうか。

ひとつには古臭い教養主義からの逃走だったのかもしれません。真面目に文学や思想を論じることは、ある種の権威化であるという思いから、その呪縛から逃れるために、教養そのものを否定しすぎてしまったのではないでしょうか。

いま、時代は大きな転換期を迎えています。まれに見るスピードで歴史が動いていくのを多くの人々が実感していると思います。

こんな時わたしたちを支え、導いてくれるものが古典なのです。「いま、息をしている言葉で」——光文社の古典新訳文庫は、さまよえる現代人の心の奥底まで届くような言葉で、古典を現代に蘇らせることを意図して創刊されました。気取らず、自由に、心の赴くままに、気軽に手に取って楽しめる古典作品を、新訳という光のもとに読者に届けていくこと。それがこの文庫の使命だとわたしたちは考えています。

このシリーズについてのご意見、ご感想、ご要望をハガキ、手紙、メール等で翻訳編集部までお寄せください。今後の企画の参考にさせていただきます。
メール　info@kotensinyaku.jp

光文社古典新訳文庫　好評既刊

存在と時間（全8巻）
ハイデガー
中山 元 訳

「存在（ある）」とは何を意味するのか？　刊行以来、哲学の領域を超えてさまざまな分野に影響を与え続ける20世紀最大の書物。定評ある訳文と詳細な解説で攻略する！

純粋理性批判（全7巻）
カント
中山 元 訳

西洋哲学における最高かつ最重要の哲学書。難解とされる多くの用語をごく一般的な用語に置き換え、分かりやすさを徹底した画期的新訳。初心者にも理解できる詳細な解説つき。

永遠平和のために／啓蒙とは何か 他3編
カント
中山 元 訳

「啓蒙とは何か」で説くのは、その困難と重要性。「永遠平和のために」では、常備軍の廃止と国家の連合を説いている。他三編をふくめ、現実的な問題を貫く論文集。

実践理性批判（全2巻）
カント
中山 元 訳

人間の心にある欲求能力を批判し、理性の実践的使用のアプリオリな原理を考察したカントの第二批判。人間の意志の自由と倫理から道徳原理を確立させた近代道徳哲学の原典。

道徳形而上学の基礎づけ
カント
中山 元 訳

なぜ嘘をついてはいけないのか？　なぜ自殺をしてはいけないのか？　多くの実例をあげて道徳の原理を考察する本書は、きわめて現代的であり、いまこそ読まれるべき書である。

光文社古典新訳文庫　好評既刊

フロイト、性と愛について語る
フロイト
中山 元 訳
人が人を愛するとはどういうことか。愛する他者の選択を含め、一人の人間における心的なメカニズムから、性に対して抑圧的な社会との関係にまで考察を進めた論文集。

社会契約論／ジュネーヴ草稿
ルソー
中山 元 訳
「ぼくたちは、選挙のあいだだけ自由になり、そのあとは奴隷のような国民なのだろうか」。世界史を動かした歴史的著作の画期的新訳。本邦初訳の「ジュネーヴ草稿」を収録。

人間不平等起源論
ルソー
中山 元 訳
人間はどのようにして自由と平等を失ったのか？　国民がほんとうの意味で自由で平等であるとはどういうことなのか？　格差社会に生きる現代人に贈るルソーの代表作。

ユダヤ人問題に寄せて／ヘーゲル法哲学批判序説
マルクス
中山 元 訳
宗教批判からヘーゲルの法哲学批判へと向かい、真の人間解放を考え抜いた青年マルクス。その思想的跳躍の核心を充実の解説とともに読み解く。画期的な「マルクス読解本」の誕生。

善悪の彼岸
ニーチェ
中山 元 訳
西洋の近代哲学の限界を示し、新しい哲学の営みの道を拓こうとした、ニーチェ渾身の書。アフォリズムで書かれたその思想を、肉声が音楽のように響いてくる画期的新訳で！

光文社古典新訳文庫　好評既刊

光文社古典新訳文庫　好評既刊

いまこそ、希望を

サルトル×レヴィ
海老坂　武　訳

生涯にわたる文学、哲学、政治行動（アンガージュマン）をふりかえりつつ、率直に、あたたかく、誠実に自らの全軌跡をたどり、希望の未来を語るサルトル、最後のメッセージ。

読書について

ショーペンハウアー
鈴木　芳子　訳

「読書とは自分の頭ではなく、他人の頭で考えること」……。読書の達人であり一流の文章家ショーペンハウアーが繰り出す、痛烈かつ辛辣なアフォリズム。読書好きな方に贈る知的読書法。

幸福について

ショーペンハウアー
鈴木　芳子　訳

「人は幸福になるために生きている」という考えは人間生来の迷妄であり、最悪の現実世界の苦痛から少しでも逃れ、心穏やかに生きることが幸せにつながると説く幸福論。

神学・政治論（上・下）

スピノザ
吉田　量彦　訳

宗教と国家、個人の自由について根源的に考察したスピノザの思想こそ、今読むべき価値がある。破門と焚書で封じられた哲学者スピノザの〝過激な〟政治哲学、70年ぶりの待望の新訳！

自由論　新たな訳による決定版

ミル
斉藤　悦則　訳

個人の自由、言論の自由とは何か？　本当の「自由」とは？　21世紀の今こそ読まれるべき、もっともアクチュアルな書。徹底的に分かりやすい訳文の決定版。（解説・仲正昌樹）

★続刊

イタリア紀行（上・下）　ゲーテ／鈴木芳子・訳

長年の憧れであるイタリアに旅立ったゲーテ、37歳。ヴェネツィアからローマ、ナポリ、シチリアへ……。約二年間の旅でふれた美術や自然、人々の生活について書きとめた書簡や日記をもとにした紀行文。「ゲーテをゲーテたらしめた」記念碑的作品。

法王庁の抜け穴　ジッド／三ツ堀広一郎・訳

プロトス率いる百足組が企てた法王幽閉詐欺事件を軸に、奇蹟によって回心した無神論者アンティム、予期せぬ遺産を手にしながら無償の行為に突き動かされるラフカディオら、多様な人物と複雑な事件が絡み合う。風刺が効いたジッドの傑作長編。

人間のしがらみ（上・下）　モーム／河合祥一郎・訳

幼くして両親を亡くした主人公フィリップ。人生の意味を模索して、画家を志したり、医者を目指したり。そして友情と恋愛のままならなさに翻弄され……。理性では断ち切ることのできない結びつきを描き切る、文豪モームの自伝的長編小説。